Triunfa en las Ventas:

Técnicas Efectivas para Ser un Vendedor Exitoso

Introducción

En el mundo dinámico y altamente competitivo de las ventas, ser un vendedor exitoso va más allá de simplemente conocer tu producto o servicio. Implica dominar una serie de habilidades y estrategias efectivas que te permitirán destacarte en un mercado cada vez más exigente. Este libro se presenta como tu guía completa para alcanzar el éxito en el campo de las ventas, proporcionándote las herramientas necesarias para convertirte en un vendedor sobresaliente.

Aprenderás la importancia crucial de establecer relaciones sólidas con tus clientes. Comprenderás cómo construir la confianza y la lealtad a través de un enfoque personalizado, adaptando tus estrategias de venta para satisfacer las necesidades individuales de cada cliente. Descubrirás que la empatía y la escucha activa son fundamentales para comprender a profundidad las motivaciones y deseos de tus clientes, lo que te permitirá generar una conexión genuina con ellos.

La comunicación efectiva es otro pilar fundamental que abordarás en este libro. Descubrirás cómo transmitir tu mensaje de manera clara y persuasiva, utilizando el poder de las palabras y la comunicación no verbal para influir positivamente en tus interacciones con los clientes. Aprenderás a adaptar tu estilo de comunicación a diferentes personalidades y estilos de compra, lo que te brindará una ventaja significativa a la hora de cerrar ventas y construir relaciones duraderas.

Uno de los desafíos más comunes en las ventas son las objeciones y el rechazo. Este libro te brindará técnicas probadas y efectivas para superar las objeciones de manera constructiva, convirtiéndolas en oportunidades para demostrar el valor de tu oferta. Aprenderás a manejar el rechazo de manera resiliente, utilizando cada experiencia como una oportunidad para crecer y mejorar tus habilidades de persuasión.

La ética en las ventas es un aspecto que se destaca en este libro. Se hace hincapié en la importancia de mantener altos estándares éticos en todas tus interacciones comerciales. Descubrirás cómo construir relaciones basadas en la confianza y la transparencia, evitando prácticas engañosas o manipuladoras. Ser un vendedor ético no solo te brindará una reputación sólida, sino que también te permitirá establecer relaciones duraderas y satisfactorias con tus clientes.

Este libro te proporcionará estrategias efectivas para cerrar ventas de manera exitosa. Descubrirás cómo utilizar preguntas estratégicas para guiar a tus clientes hacia una decisión de compra informada. Aprenderás a identificar las necesidades y preocupaciones de tus clientes y a presentar tu oferta como la solución ideal para satisfacerlas. El enfoque se basa en la creación de valor y en ayudar a tus clientes a visualizar los beneficios y resultados que obtendrán al elegir tu producto o servicio.

Este libro ofrece un enfoque integral y práctico para convertirte en un vendedor exitoso. Te proporcionará las habilidades necesarias para establecer relaciones sólidas, superar objeciones, comunicarte de manera efectiva y cerrar ventas de manera exitosa. Si estás dispuesto a comprometerte y aprovechar al máximo los conocimientos compartidos en este valioso recurso, estarás un paso más cerca de alcanzar nuevos niveles de éxito en tu carrera de ventas.

Walter Salt es un escritor apasionado y experto en el campo de las ventas, reconocido por su trabajo en el desarrollo de técnicas efectivas para lograr el éxito en el mundo de las ventas. Nació y creció en Seattle, Washington, en la costa norte americana, donde desde temprana edad demostró un interés por la comunicación y la persuasión.

Tras graduarse con honores de la Universidad de Washington, una de las principales instituciones educativas de la región, con una Licenciatura en Administración de Empresas, Walter Salt comenzó su carrera en el mundo de las ventas en una de las top 5 empresas de consumo masivo. Durante su tiempo en esta prestigiosa empresa, adquirió una valiosa experiencia en el campo de las ventas, aprendiendo las complejidades del proceso de ventas y desarrollando técnicas efectivas para establecer relaciones sólidas con los clientes.

Motivado por su pasión por la escritura y su deseo de compartir sus conocimientos y experiencia, Walter Salt se embarcó en una carrera como escritor independiente. A lo largo de los años, ha escrito numerosos artículos, blogs y materiales relacionados con técnicas de ventas y negociación, capturando la atención de una amplia audiencia interesada en mejorar sus habilidades de ventas.

Con su enfoque claro y su capacidad para comunicar ideas complejas de manera clara y concisa, se ha ganado reconocimiento en la comunidad de ventas.

En su búsqueda constante de conocimiento y crecimiento personal, Walter continúa investigando y actualizándose sobre las últimas tendencias y técnicas en el campo de las ventas. Además de su trabajo como escritor, también imparte seminarios y capacitaciones, compartiendo sus valiosos conocimientos con profesionales de ventas y emprendedores ambiciosos.

A lo largo de su carrera, ha demostrado su habilidad para adaptarse a diferentes audiencias y estilos de comunicación, estableciendo una conexión auténtica con sus lectores y seguidores. Su dedicación, enfoque orientado a resultados y capacidad para construir relaciones sólidas han sido clave en su éxito como escritor y experto en ventas.

Walter Salt sigue inspirando a otros con su pasión por las ventas y su deseo de ayudar a las personas a alcanzar su máximo potencial en el campo de las ventas. Su combinación única de experiencia en ventas y habilidades de escritura efectiva lo convierte en una voz influyente y en una fuente confiable para aquellos que buscan triunfar en el apasionante mundo de las ventas.

Capítulo 1:

Conoce tu Producto o Servicio

En este capítulo, aprenderás la importancia de conocer a fondo el producto o servicio que vendes. Exploraremos técnicas para investigar y comprender los detalles, características y beneficios del producto, así como su diferenciación con respecto a la competencia. Además, te enseñaremos cómo comunicar eficazmente esta información a tus clientes potenciales, creando así una base sólida para el éxito en las ventas.

La importancia de conocer a fondo el producto o servicio que vendes no puede subestimarse en el mundo de las ventas. Para ser un vendedor exitoso, es crucial tener un conocimiento profundo y completo de lo que estás ofreciendo a tus clientes.

Cuando comprendes en detalle tu producto o servicio, eres capaz de transmitir confianza y credibilidad a tus clientes. Tener un dominio de sus características, beneficios, usos y aplicaciones te permite destacar sus fortalezas y responder de manera efectiva a cualquier pregunta o inquietud que pueda surgir durante el proceso de venta.

Además, conocer a fondo tu producto o servicio te brinda la capacidad de resaltar su valor diferencial en comparación con la competencia. Puedes identificar y comunicar claramente las ventajas competitivas que ofrece, lo que te permitirá persuadir a los clientes potenciales de por qué deberían elegirlo sobre otras opciones disponibles en el mercado.

Otro beneficio de tener un conocimiento exhaustivo del producto o servicio es la capacidad de adaptarlo a las necesidades y deseos específicos de cada cliente. Al comprender cómo tu oferta puede satisfacer sus requisitos y resolver sus problemas, puedes personalizar tu enfoque y presentar argumentos convincentes que les muestren cómo tu producto o servicio les beneficiará directamente.

Además, cuando estás bien informado sobre lo que vendes, puedes anticipar y abordar posibles objeciones o preocupaciones que puedan surgir por parte de los clientes. Esto te permite manejar las objeciones de manera efectiva y proporcionar respuestas convincentes que disipen cualquier duda o incertidumbre que puedan tener.

Conocer a fondo el producto o servicio que vendes es esencial para ser un vendedor exitoso. Te brinda confianza, credibilidad y la capacidad de destacar las fortalezas y ventajas competitivas de tu oferta. Además, te permite adaptarte a las necesidades de tus clientes, superar objeciones y brindar una experiencia de venta personalizada y convincente. Así que, tómate el tiempo necesario para familiarizarte completamente con tu producto o servicio y conviértete en un experto en lo que vendes.

Para conocer a fondo el producto o servicio que deseas vender, puedes seguir los siguientes pasos:

1. Investiga exhaustivamente:
Dedica tiempo a investigar y recopilar información sobre el producto o servicio. Utiliza fuentes confiables como el sitio web oficial de la empresa, materiales promocionales, estudios de mercado, informes técnicos y cualquier otra fuente relevante. Comprende su funcionamiento, características, beneficios, usos, aplicaciones y cualquier detalle relevante.

Imaginemos que el producto ficticio que deseamos vender es un reloj inteligente llamado "SmartTime". Para realizar una investigación exhaustiva, podríamos seguir estos pasos:

a) Sitio web oficial: Visitamos el sitio web oficial de la empresa que fabrica el SmartTime. Allí encontraremos información detallada sobre el producto, como especificaciones técnicas, funciones destacadas, diseño, materiales utilizados y compatibilidad con dispositivos móviles. Además, podremos obtener información sobre la empresa y su enfoque en la innovación tecnológica.

b) Materiales promocionales: Revisamos los materiales promocionales proporcionados por la empresa, como folletos, catálogos o vídeos promocionales. Estos materiales pueden ofrecer una descripción visual del producto y destacar las características y beneficios clave, como seguimiento de la actividad física, notificaciones de mensajes y llamadas, control de la música, entre otros.

c) Estudios de mercado: Consultamos estudios de mercado relacionados con relojes inteligentes y dispositivos wearables en general. Estos estudios pueden proporcionar información sobre las tendencias del mercado, el tamaño de la industria, la demanda de productos similares y las preferencias de los consumidores. También podemos obtener datos sobre la competencia y las estrategias de precios.

d) Informes técnicos: Buscamos informes técnicos sobre los componentes y tecnologías utilizadas en el SmartTime. Esto puede incluir detalles sobre el sistema operativo, la capacidad de almacenamiento, la duración de la batería, las funciones de conectividad (como Bluetooth o Wi-Fi) y cualquier otra especificación técnica relevante. Estos informes nos permitirán comprender el funcionamiento interno del reloj y su rendimiento.

e) Reseñas y testimonios: Exploramos reseñas y testimonios de usuarios que hayan utilizado el SmartTime. Esto nos brindará información de primera mano sobre la experiencia de uso, la satisfacción del cliente y cualquier problema o limitación que los usuarios hayan encontrado. Las reseñas también pueden destacar características apreciadas por los clientes y ofrecer puntos de comparación con otros productos similares.

f) Foros y comunidades en línea: Participamos en foros y comunidades en línea donde se discutan relojes inteligentes. Podemos hacer preguntas, interactuar con otros entusiastas de la tecnología y obtener información práctica sobre el SmartTime. Estas comunidades suelen ser excelentes fuentes de información adicional, ya que los usuarios comparten sus opiniones, consejos y trucos relacionados con el producto.

Al realizar una investigación exhaustiva utilizando estas fuentes confiables, podremos comprender en profundidad el funcionamiento, las características, los beneficios, los usos y las aplicaciones del SmartTime. Esto nos permitirá presentar de manera efectiva sus puntos fuertes a los clientes, responder preguntas y brindarles una experiencia de compra informada.

2. *Utiliza el producto o servicio*:
La mejor manera de comprender plenamente lo que vendes es usar el producto por ti mismo. Utiliza el producto o servicio en situaciones reales para comprender su utilidad y cómo se siente utilizarlo. Esto te permitirá identificar sus fortalezas y limitaciones, así como comprender las necesidades que satisface.

Siguiendo con nuestro producto ficticio, el SmartTime, el paso 2 implicaría utilizar el reloj inteligente en situaciones reales para experimentarlo de primera mano. Veamos algunos ejemplos de cómo podríamos hacerlo:

a) Monitoreo de actividad física: Utilizamos el SmartTime durante nuestras rutinas de ejercicio para probar su función de monitoreo de actividad física. Registramos nuestros pasos, distancia recorrida, calorías quemadas y evaluamos la precisión de los datos. También podemos explorar las funciones de seguimiento de ritmo cardíaco y análisis del sueño para comprender cómo el SmartTime puede ayudar a mejorar nuestra salud y bienestar.

b) Notificaciones y gestión de llamadas: Conectamos el SmartTime a nuestro teléfono móvil y lo usamos para recibir notificaciones de mensajes, correos electrónicos o redes sociales. Probamos la funcionalidad de visualización y respuesta rápida de mensajes para evaluar su comodidad y eficiencia. Además, realizamos y recibimos llamadas a través del reloj para comprobar su calidad de audio y facilidad de uso.

c) Control de la música: Utilizamos el SmartTime para controlar la reproducción de música en nuestro teléfono o en dispositivos compatibles. Evaluamos la capacidad de navegación entre canciones, ajuste de volumen y la comodidad de tener un control de reproducción directamente en nuestra muñeca. Esto nos permite comprender cómo el SmartTime puede mejorar nuestra experiencia musical mientras realizamos actividades físicas o estamos en movimiento.

d) Funciones adicionales: Exploramos las características adicionales del SmartTime, como el seguimiento de GPS, la resistencia al agua, las aplicaciones descargables y las opciones de personalización de esferas y widgets. Utilizamos estas funciones en situaciones reales, como practicar deportes al aire libre o realizar actividades acuáticas, para evaluar su rendimiento y adaptabilidad a diferentes escenarios.

Al utilizar el producto o servicio ficticio, el SmartTime, en situaciones reales, podemos experimentar directamente sus características y funciones. Esto nos permite identificar las fortalezas del reloj inteligente, como su precisión en el seguimiento de actividad física o su comodidad en el control de la música, así como también nos ayuda a comprender las limitaciones y cómo se adapta a diferentes necesidades. Al tener esta experiencia personal, estaremos mejor preparados para comunicar y demostrar los beneficios del SmartTime a los clientes potenciales.

3. Capacítate y recibe formación:
Participa en sesiones de capacitación y formación proporcionadas por la empresa o fabricante del producto o servicio. Aprovecha las oportunidades de aprendizaje para adquirir conocimientos específicos sobre su uso, funcionamiento, mantenimiento y cualquier aspecto técnico relevante.

Continuando con nuestro ejemplo del SmartTime, el paso 3 implica participar en sesiones de capacitación y formación proporcionadas por la empresa fabricante del reloj inteligente. Veamos cómo podríamos aprovechar estas oportunidades de aprendizaje:

a) Capacitación inicial: La empresa ofrece una capacitación inicial para todos los vendedores del SmartTime. En esta sesión, se proporciona una visión general detallada del producto, se explican sus características y beneficios clave, y se ofrece orientación sobre cómo presentarlo de manera efectiva a los clientes. Aprendemos sobre el valor diferencial del SmartTime en comparación con otros relojes inteligentes y cómo abordar las objeciones comunes.

b) Entrenamiento técnico: La empresa organiza sesiones de entrenamiento técnico para profundizar en el funcionamiento del SmartTime. En estas sesiones, se nos enseña cómo configurar el reloj, cómo utilizar todas sus funciones y cómo solucionar problemas técnicos básicos que los clientes puedan enfrentar. Aprendemos sobre las actualizaciones de firmware, cómo realizar un restablecimiento de fábrica y cómo solucionar problemas de conectividad.

c) Sesiones de ventas prácticas: La empresa proporciona oportunidades para participar en sesiones de ventas prácticas donde se simulan interacciones con clientes reales. En estas sesiones, se nos brinda retroalimentación sobre nuestra presentación, habilidades de comunicación y capacidad para destacar los puntos fuertes del SmartTime. Aprendemos a adaptar nuestro enfoque según las necesidades y preferencias de cada cliente y cómo cerrar ventas de manera efectiva.

d) Recursos de formación en línea: La empresa proporciona recursos de formación en línea, como videos instructivos y manuales detallados, que nos permiten profundizar en diferentes aspectos del SmartTime. Estos recursos cubren temas como el uso avanzado de funciones, consejos y trucos para maximizar la experiencia del usuario y casos de uso específicos para diferentes segmentos de clientes. Aprendemos a utilizar el SmartTime de manera óptima y a responder preguntas frecuentes de los clientes.

e) Participación en conferencias y eventos: La empresa invita a sus vendedores a participar en conferencias y eventos relacionados con la industria de los relojes inteligentes y la tecnología wearable. Estas oportunidades nos permiten aprender de expertos en el campo, conocer las últimas tendencias y avances tecnológicos, y conectar con otros profesionales de la industria. Aprendemos de las experiencias compartidas por otros vendedores y nos mantenemos actualizados sobre el panorama del mercado.

Al participar en sesiones de capacitación y formación, adquirimos conocimientos específicos sobre el uso, funcionamiento y mantenimiento del SmartTime. Esto nos permite estar bien preparados para responder a preguntas técnicas de los clientes, brindar asesoramiento experto y demostrar confianza en el producto. Al estar bien capacitados, podemos transmitir credibilidad y seguridad a los clientes, lo que aumenta nuestras posibilidades de éxito en las ventas del SmartTime.

4. Conecta con expertos:
Busca la experiencia de personas que ya estén familiarizadas con el producto o servicio. Puedes comunicarte con colegas, mentores o representantes de la empresa para obtener información adicional, resolver dudas y aprovechar su experiencia. Aprovecha las oportunidades de networking para establecer conexiones valiosas con expertos en el campo.

Siguiendo con el ejemplo del SmartTime, el paso 4 implica buscar la experiencia de personas que ya estén familiarizadas con el reloj inteligente. Veamos cómo podríamos conectarnos con expertos en el campo:

a) Colegas vendedores: Nos comunicamos con colegas que también venden el SmartTime para obtener información adicional y compartir experiencias. Podemos preguntarles sobre las estrategias de venta que han sido exitosas, cómo han abordado objeciones comunes de los clientes y cómo han destacado las características y beneficios clave del SmartTime. Intercambiar ideas con colegas puede proporcionarnos nuevas perspectivas y enfoques.

b) Mentores en la empresa: Si la empresa cuenta con un programa de mentoría, nos acercamos a un mentor experimentado en ventas de productos similares o específicamente del SmartTime. Podemos programar reuniones regulares para discutir nuestras dudas, recibir asesoramiento personalizado y aprender de la experiencia del mentor. Los mentores pueden brindarnos consejos valiosos sobre cómo mejorar nuestras habilidades de venta y cómo enfrentar desafíos específicos.

c) Representantes de la empresa: Nos comunicamos con los representantes de la empresa fabricante del SmartTime para obtener información adicional y resolver dudas específicas sobre el producto. Los representantes pueden proporcionarnos detalles técnicos, actualizaciones de producto y recomendaciones sobre las mejores prácticas de venta. Aprovechamos su experiencia y conocimiento para comprender mejor el SmartTime y cómo posicionarlo en el mercado.

d) Eventos de la industria: Asistimos a eventos de la industria de la tecnología wearable y los relojes inteligentes. Allí, buscamos oportunidades para establecer conexiones valiosas con expertos en el campo, como líderes de la industria, desarrolladores de productos y otros vendedores. Participamos en charlas, mesas redondas y actividades de networking para aprender de sus experiencias, compartir conocimientos y establecer relaciones duraderas.

e) Grupos en línea y comunidades: Nos unimos a grupos en línea y comunidades relacionadas con los relojes inteligentes y la tecnología wearable. Estos grupos nos brindan la oportunidad de interactuar con expertos, realizar preguntas, compartir información y aprender de los conocimientos colectivos. Participamos activamente en discusiones, hacemos preguntas y ofrecemos nuestra propia experiencia para establecer relaciones valiosas con expertos en el campo.

Al conectarnos con expertos en el campo del SmartTime, podemos beneficiarnos de su experiencia y conocimientos. Estas conexiones nos ayudan a resolver dudas, obtener información adicional, aprender de estrategias exitosas y obtener consejos valiosos para mejorar nuestras habilidades de venta. Aprovechar la experiencia de los expertos nos brinda una ventaja competitiva al ofrecer un servicio más informado y valioso a los clientes.

5. Participa en demostraciones y eventos:
Si es posible, asiste a demostraciones o eventos relacionados con el producto o servicio. Allí podrás presenciar su funcionamiento en vivo, hacer preguntas directamente a los expertos y aprender de las experiencias compartidas por otros vendedores o usuarios. Esto te brindará una perspectiva práctica y enriquecedora.

Continuando con nuestro ejemplo del SmartTime, el paso 5 implica participar en demostraciones y eventos relacionados con el reloj inteligente. Veamos cómo podríamos aprovechar estas oportunidades:

a) Demostraciones de producto: La empresa organiza demostraciones de producto donde se muestra en vivo el funcionamiento y las características del SmartTime. Asistimos a estas demostraciones para presenciar cómo el reloj interactúa con dispositivos móviles, cómo se realizan las configuraciones y cómo se utilizan sus funciones clave. Durante la demostración, podemos hacer preguntas directamente a los expertos para aclarar cualquier duda y obtener información adicional sobre el SmartTime.

b) Ferias y exposiciones: Participamos en ferias y exposiciones relacionadas con la tecnología wearable y los relojes inteligentes. En estos eventos, las empresas exhiben sus productos y servicios, incluido el SmartTime. Aprovechamos la oportunidad para interactuar con los representantes de la empresa, obtener una experiencia práctica con el SmartTime y obtener información actualizada sobre las últimas tendencias y avances en la industria. También nos conectamos con otros vendedores y usuarios para aprender de sus experiencias y compartir conocimientos.

c) Eventos de lanzamiento: Si la empresa organiza un evento de lanzamiento para presentar una nueva versión o una actualización del SmartTime, asistimos para ser los primeros en conocer las novedades. En estos eventos, se proporciona información detallada sobre las mejoras y las nuevas características del producto. Podemos presenciar demostraciones en vivo, hacer preguntas a los expertos y obtener una visión exclusiva sobre el futuro del SmartTime. Esto nos permite mantenernos actualizados y preparados para promover las últimas innovaciones.

d) Webinars y conferencias en línea: Participamos en webinars y conferencias en línea sobre tecnología wearable y ventas. Estos eventos nos permiten aprender de expertos en el campo y escuchar experiencias compartidas por otros vendedores. Se pueden cubrir temas como estrategias de venta efectivas, consejos para promover productos tecnológicos y mejores prácticas en la industria de los relojes inteligentes. A través de estas plataformas, podemos hacer preguntas, interactuar con otros participantes y ampliar nuestro conocimiento sobre el SmartTime.

e) Sesiones de usuarios: La empresa organiza sesiones de usuarios donde vendedores y usuarios del SmartTime comparten sus experiencias y conocimientos. Participamos en estas sesiones para escuchar casos de uso reales, aprender sobre las características favoritas de los usuarios y comprender cómo el SmartTime ha impactado positivamente en sus vidas. Estas sesiones nos brindan una perspectiva práctica y enriquecedora sobre el producto, lo que nos ayuda a conectar de manera más efectiva con los clientes y transmitirles la experiencia de uso real.

Participar en demostraciones y eventos relacionados con el SmartTime nos permite tener una experiencia práctica y enriquecedora del producto. Al presenciar su funcionamiento en vivo, hacer preguntas directamente a los expertos y aprender de las experiencias compartidas por otros vendedores y usuarios, podemos mejorar nuestra comprensión del SmartTime y comunicar de manera más efectiva sus beneficios a los clientes. Además, estas oportunidades nos mantienen actualizados sobre las últimas novedades y tendencias en la industria de los relojes inteligentes.

6. Mantente actualizado:

El conocimiento sobre el producto o servicio no debe ser estático. Mantente al día con las novedades, actualizaciones y mejoras relacionadas con él. Realiza un seguimiento de las noticias de la empresa, participa en cursos de actualización y mantente informado sobre las tendencias y avances en tu industria. Esto te permitirá mantener un conocimiento actualizado y relevante.

El paso 6, mantenerse actualizado, es crucial para ser un vendedor exitoso. Veamos cómo podemos aplicarlo con ejemplos:

a) Seguimiento de noticias de la empresa: Mantenemos un seguimiento regular de las noticias y comunicados de la empresa fabricante del producto o servicio que vendemos. Nos suscribimos a su boletín informativo, seguimos sus redes sociales y visitamos su sitio web oficial. Esto nos permite estar al tanto de las actualizaciones de productos, anuncios importantes, eventos y promociones especiales. Por ejemplo, si la empresa lanza una nueva versión del producto o introduce una característica innovadora, nos aseguramos de conocer los detalles y cómo impacta en las ventajas y beneficios que podemos ofrecer a los clientes.

b) Participación en cursos de actualización: Nos inscribimos en cursos de actualización y desarrollo profesional relacionados con el producto o servicio. Estos cursos pueden ser proporcionados por la empresa fabricante, instituciones educativas o plataformas en línea. Por ejemplo, si vendemos una aplicación de software de gestión empresarial, nos aseguramos de participar en cursos que nos mantengan actualizados sobre las últimas tendencias en el ámbito de la gestión empresarial y las mejores prácticas en el uso de la aplicación. Esto nos ayuda a mantener un conocimiento actualizado y relevante, lo que nos permite ofrecer un mejor asesoramiento y soporte a los clientes.

c) Investigación de la industria: Nos mantenemos informados sobre las tendencias y avances en nuestra industria. Leemos blogs, artículos, investigaciones y estudios relevantes. Participamos en debates en foros y grupos en línea donde se discuten temas relacionados con nuestro producto o servicio. Por ejemplo, si vendemos dispositivos de seguridad para el hogar, nos mantenemos al tanto de las últimas innovaciones en el campo de la seguridad, como el uso de inteligencia artificial y la integración de dispositivos IoT. Esto nos permite ofrecer a nuestros clientes información actualizada y recomendar soluciones que se ajusten a sus necesidades y expectativas actuales.

d) Participación en eventos de la industria: Asistimos a conferencias, ferias comerciales y eventos de la industria relacionados con nuestro producto o servicio. Estos eventos nos brindan la oportunidad de aprender de expertos en el campo, escuchar charlas y presentaciones sobre temas relevantes y establecer conexiones con otros profesionales. Por ejemplo, si vendemos equipos médicos, asistimos a conferencias médicas donde se presentan avances en tecnología médica y se discuten nuevos tratamientos. Esto nos ayuda a mantenernos actualizados sobre los avances en nuestra industria y a estar al tanto de las necesidades y expectativas cambiantes de nuestros clientes.

e) Interacción con clientes y colegas: Mantenemos una comunicación activa con nuestros clientes y colegas para obtener retroalimentación y estar al tanto de las necesidades cambiantes del mercado. Escuchamos las sugerencias y comentarios de los clientes sobre el producto o servicio y las tendencias que observan en su industria. También compartimos información y experiencias con colegas para mantenernos al tanto de las mejores prácticas y aprender de sus éxitos y desafíos. Esta interacción nos proporciona información valiosa que nos ayuda a mantener nuestro conocimiento actualizado y a adaptar nuestra estrategia de venta en consecuencia.

Recuerda que el proceso de conocer a fondo un producto o servicio es continuo y requiere dedicación constante. Cuanto más te involucres y te sumerjas en el tema, más confianza y habilidad adquirirás para venderlo de manera efectiva.

Existen diversas técnicas que se pueden emplear para investigar y comprender los detalles, características y beneficios de un producto, así como para identificar su diferenciación con respecto a la competencia. A continuación, exploraremos algunas de estas técnicas:

1. Análisis de mercado:
El análisis de mercado es una técnica esencial para comprender a fondo el entorno en el que opera un producto o servicio. Consiste en realizar un estudio exhaustivo que involucra la recopilación y el análisis de datos relacionados con los competidores, el público objetivo, las tendencias del mercado y los segmentos de clientes. Este análisis proporciona una visión general del panorama competitivo y ayuda a identificar cómo se posiciona el producto en comparación con los demás.

Al analizar el mercado, es posible detectar nichos o segmentos de clientes que no están siendo atendidos de manera adecuada por la competencia. Esto abre la puerta a la identificación de oportunidades de negocio y la creación de propuestas de valor únicas que satisfagan esas necesidades no cubiertas.

El vendedor puede realizar una investigación exhaustiva del mercado en el que opera para identificar nichos o segmentos de clientes que no están siendo atendidos de manera adecuada por la competencia. Esto implica recopilar datos demográficos, realizar análisis de tendencias, estudiar el comportamiento del consumidor y analizar las fortalezas y debilidades de los competidores.

La marca de platos higiénicos realiza una investigación exhaustiva del mercado y descubre que existe un segmento de clientes que busca platos desechables de alta calidad y asequibles para eventos al aire libre, como barbacoas en el parque. Observa que la competencia actual no ofrece opciones desechables con características higiénicas y resistentes. Debe estar atento a las necesidades y deseos de los clientes. Esto implica escuchar activamente a los clientes, realizar encuestas, llevar a cabo entrevistas y recopilar retroalimentación para comprender mejor qué problemas enfrentan y qué soluciones desean. Al identificar las necesidades no cubiertas, el vendedor puede desarrollar propuestas de valor únicas que satisfagan esas necesidades.

La marca realiza encuestas y entrevistas a los clientes potenciales y descubre que muchos se preocupan por la higiene y la comodidad al usar platos desechables en eventos al aire libre. Los clientes desean platos que sean resistentes, biodegradables y que no se deformen fácilmente con alimentos calientes o salsas.

El vendedor exitoso debe mantenerse al tanto de las estrategias y acciones de la competencia. Observar cómo los competidores están abordando el mercado y qué segmentos de clientes están descuidando puede revelar oportunidades de negocio. El vendedor puede encontrar formas de diferenciarse de la competencia al ofrecer algo único y valioso a esos segmentos desatendidos.

La marca investiga a la competencia y nota que la mayoría de las marcas de platos desechables se centran en la conveniencia y el precio económico, pero no prestan mucha atención a la higiene y la resistencia. Esto crea una oportunidad para ofrecer platos higiénicos y de alta calidad que satisfagan las necesidades no cubiertas de los clientes.

Estar al tanto de las tendencias emergentes en la industria puede brindar al vendedor una ventaja competitiva. Identificar nuevas tecnologías, cambios en las preferencias del consumidor, regulaciones gubernamentales o cualquier otro factor que pueda influir en el mercado puede generar oportunidades para adaptar o desarrollar productos y servicios que satisfagan esas demandas emergentes. La marca se da cuenta de que cada vez más personas están preocupadas por el impacto ambiental de los productos desechables. Aprovechando esta tendencia, deciden desarrollar platos higiénicos compostables fabricados con materiales biodegradables y respetuosos con el medio ambiente. Esto les permite diferenciarse de la competencia y atender a un segmento de clientes consciente del medio ambiente.

Se puede beneficiar al colaborar con otros profesionales dentro de la organización o en la industria en general. Al compartir conocimientos y experiencias, se pueden descubrir nuevas perspectivas y oportunidades de mercado que de otra manera podrían pasar desapercibidas. La marca se asocia con expertos en materiales biodegradables y sostenibles para desarrollar platos higiénicos que cumplan con los estándares de calidad y sean resistentes al calor y a las salsas. Al colaborar con estos profesionales, la marca logra mejorar la fórmula de sus platos y ofrecer una solución única en el mercado.

Identificar oportunidades de mercado implica un enfoque estratégico que combina la investigación del mercado, el análisis de la competencia, la comprensión de las necesidades del cliente y la observación de las tendencias del mercado. Al identificar nichos no cubiertos y crear propuestas de valor únicas, el vendedor puede aprovechar estas oportunidades y generar un crecimiento y éxito empresarial significativos.

2. Personalizar el enfoque de ventas:

El análisis de mercado proporciona información sobre las preferencias y características de los clientes. Al comprender mejor a los consumidores, los vendedores pueden adaptar su enfoque de ventas, mensajes y argumentos para conectarse de manera más efectiva con su público objetivo. Por ejemplo, si se identifica que un segmento de clientes valora especialmente la sostenibilidad, el vendedor puede resaltar las características ecológicas del producto para atraer a ese grupo específico.

El vendedor debe utilizar los datos demográficos y de mercado recopilados durante el análisis de mercado para identificar los segmentos de clientes que valoran especialmente la sostenibilidad. Estos datos pueden incluir información sobre la edad, ubicación geográfica, nivel de educación y preferencias de compra de los consumidores.

Una vez identificado el segmento de clientes interesado en la sostenibilidad, el vendedor puede adaptar su mensaje de ventas para destacar las características ecológicas del producto. Esto implica resaltar cómo el producto de platos higiénicos ficticio es fabricado con materiales biodegradables, reciclables o de origen sostenible. Se pueden destacar también los beneficios ambientales de elegir estos platos, como la reducción de residuos plásticos o el impacto positivo en el medio ambiente.

El vendedor debe desarrollar un argumento de ventas personalizado que resalte cómo el producto de platos higiénicos se alinea con los valores y preocupaciones específicas del segmento de clientes interesado en la sostenibilidad.

Puede enfocarse en la reducción del uso de plástico de un solo uso, la promoción de la economía circular o la contribución a la conservación del medio ambiente. Para respaldar su argumento de ventas, el vendedor puede utilizar ejemplos y testimonios relevantes de otros clientes satisfechos que también valoran la sostenibilidad. Esto puede incluir historias de clientes que han elegido los platos higiénicos y han experimentado los beneficios ambientales, así como testimonios de expertos o instituciones reconocidas que respalden la calidad y el enfoque sostenible del producto.

Además de destacar la sostenibilidad del producto, el vendedor exitoso puede ofrecer soluciones personalizadas que se adapten a las necesidades específicas de los clientes interesados en la sostenibilidad. Esto puede incluir opciones de envío con embalaje sostenible, recomendaciones de uso responsable del producto o incluso descuentos especiales para clientes comprometidos con la protección del medio ambiente.

Al personalizar el enfoque de ventas y adaptarse a las preferencias y características de los clientes, el vendedor exitoso puede conectar de manera más efectiva con el segmento de clientes interesado en la sostenibilidad. Al resaltar las características ecológicas del producto, adaptar el mensaje de ventas, utilizar testimonios relevantes y ofrecer soluciones personalizadas, el vendedor puede influir en las decisiones de compra de los clientes y lograr una mayor efectividad en sus esfuerzos de ventas.

3. Diferenciarse de la competencia:
Mediante el análisis de mercado, se puede identificar cómo se posiciona el producto o servicio en comparación con la competencia. Esto ayuda al vendedor a resaltar las características, beneficios y ventajas competitivas únicas que ofrece el producto. Al destacar las diferencias y comunicar claramente por qué el

producto es superior o más adecuado, se puede persuadir a los clientes de elegirlo por encima de las alternativas disponibles.

El vendedor debe realizar un análisis exhaustivo del mercado para comprender cómo se posiciona el producto o servicio en comparación con la competencia. Esto implica identificar los competidores directos e indirectos, investigar sus estrategias de ventas, analizar sus fortalezas y debilidades, y comprender cómo se percibe el producto o servicio en el mercado. Utilizando por ejemplo una Navaja de Afeitar, la marca de navajas realiza un análisis exhaustivo del mercado y descubre que hay una falta de opciones de navajas de afeitar de alta calidad dirigidas al mercado masculino que valoran tanto el rendimiento de afeitado como la estética del producto. Identifica que la competencia se enfoca principalmente en la funcionalidad y no presta mucha atención al diseño y estilo.

El vendedor debe identificar las características y beneficios del producto o servicio que lo hacen único en comparación con la competencia. Esto puede incluir aspectos como calidad superior, mayor durabilidad, características de diseño innovadoras, un enfoque específico en la sostenibilidad o cualquier otra característica distintiva que brinde valor adicional al cliente. El vendedor identifica que puede diferenciarse al ofrecer navajas de afeitar con cuchillas de acero inoxidable de alta calidad que brindan un afeitado preciso y suave. Además, destaca que sus navajas de afeitar tienen un diseño elegante y moderno, lo que las convierte en un accesorio de estilo que los hombres pueden lucir con orgullo.

Una vez identificadas las características y beneficios únicos, el vendedor debe comunicar claramente la propuesta de valor del producto o servicio. Esto implica resaltar cómo se diferencia de la competencia y cómo beneficia a los clientes de manera única. El vendedor puede hacer hincapié en los aspectos específicos que satisfacen las necesidades y deseos del cliente, resaltando los resultados tangibles y emocionales que se obtienen al elegir el producto o servicio. El Vendedor comunica claramente que su producto se destaca en el mercado al combinar un rendimiento excepcional de afeitado con un diseño sofisticado. Resalta cómo su navaja de afeitar proporciona un afeitado apurado, minimiza la irritación de la piel y ofrece un control y precisión óptimos. Además, destaca que su diseño elegante y ergonómico permite una experiencia de afeitado cómoda y agradable.

El vendedor puede utilizar demostraciones, ejemplos prácticos o testimonios de clientes satisfechos para respaldar las ventajas competitivas del producto o servicio. Esto puede ayudar a crear confianza y credibilidad en el cliente al mostrar cómo el producto o servicio ha generado resultados positivos para otros clientes en situaciones similares. Además, puede comparar directamente las características, beneficios y ventajas competitivas con los productos o servicios de la competencia para resaltar su superioridad. El vendedor muestra a los clientes cómo su navaja de afeitar de acero inoxidable se mantiene afilada por más tiempo en comparación con otras opciones en el mercado, lo que se traduce en un afeitado más suave y duradero. Además, presenta testimonios de clientes satisfechos que resaltan cómo la navaja de afeitar de la marca ha mejorado significativamente su experiencia de afeitado y les ha ayudado a lograr un aspecto más pulido y sofisticado.

Para diferenciarse aún más de la competencia, el vendedor exitoso debe brindar un excelente servicio al cliente. Esto implica estar disponible para responder preguntas, proporcionar asesoramiento personalizado, ofrecer soluciones rápidas a problemas y garantizar una experiencia de compra positiva en general. Un servicio al cliente excepcional puede ser una ventaja competitiva en sí mismo, ya que los clientes valoran la atención y el soporte que reciben antes, durante y después de la compra. El vendedor se compromete a brindar un servicio al cliente excepcional al ofrecer asesoramiento personalizado sobre la selección y el cuidado de las navajas de afeitar. Se asegura de que los clientes se sientan respaldados en cada etapa, desde la elección del producto hasta el seguimiento posterior a la compra. Además, ofrece garantías de satisfacción para demostrar la confianza que tienen en la calidad y rendimiento de sus navajas de afeitar.

Al analizar el mercado, identificar características y beneficios únicos, comunicar la propuesta de valor, demostrar ventajas competitivas y ofrecer un excelente servicio al cliente, el vendedor exitoso puede diferenciarse de la competencia y resaltar las cualidades distintivas del producto o servicio. Esto ayuda a captar la atención de los clientes, generar confianza y lograr un posicionamiento fuerte en el mercado.

4. Identificar tendencias y cambios en el mercado:
El análisis de mercado también permite identificar tendencias emergentes y cambios en las preferencias del consumidor. Esto brinda a los vendedores la oportunidad de estar al tanto de las últimas tendencias y adaptar su estrategia de ventas en consecuencia. Por ejemplo, si se observa un cambio en las preferencias hacia productos más saludables, el vendedor puede enfocarse en resaltar los beneficios para la salud de su producto.

El vendedor debe estar constantemente actualizado sobre las últimas tendencias y cambios en el mercado. Esto implica leer publicaciones especializadas, seguir a líderes de opinión en redes sociales, participar en conferencias y eventos relevantes, y mantener una red de contactos en la industria. Estar al tanto de las novedades y cambios en el mercado es fundamental para identificar oportunidades y adaptar la estrategia de ventas en consecuencia. Como vendedor de tecnología, es importante que se mantenga actualizado sobre las últimas tendencias y avances en la industria siguiendo a empresas líderes como Apple, Google y Microsoft. Al conocer las novedades en productos y tecnologías, el vendedor puede adaptar su enfoque de ventas y destacar las características únicas de los dispositivos que ofrece a sus clientes. Como vendedor de moda, es fundamental estar al tanto de las últimas tendencias siguiendo a marcas influyentes como Gucci, Louis Vuitton y Zara. Esto le permite ofrecer asesoramiento personalizado a sus clientes, sugiriendo estilos y combinaciones de prendas que estén de moda y alineados con su estilo individual.

El vendedor debe observar de cerca a la competencia para identificar las estrategias y tácticas que están implementando en respuesta a las tendencias del mercado. Esto puede implicar analizar su presencia en línea, seguir sus publicaciones y comunicaciones, y realizar un seguimiento de los nuevos productos o servicios que están lanzando. Comprender cómo la competencia está adaptando su estrategia de ventas proporciona ideas valiosas sobre las oportunidades y desafíos presentes en el mercado. En su rol como vendedor de smartphones, es importante que el vendedor esté constantemente observando cómo marcas como Samsung se adaptan a las tendencias del mercado y lanzan nuevos modelos. Esto le permite estar al tanto de las estrategias de precios, características y promociones de la competencia, lo que ayuda a posicionar y destacar los beneficios únicos de los dispositivos que representa. En su posición como vendedor de alimentos saludables, es necesario que siga de cerca a la tienda Whole Foods Market para entender cómo responden a las demandas cambiantes de los consumidores. Esto le permite ofrecer productos innovadores y soluciones a sus clientes que están buscando opciones más saludables y sostenibles.

Los clientes son una fuente invaluable de información sobre las últimas tendencias y cambios en el mercado. El vendedor debe estar atento a los comentarios, preguntas y necesidades expresadas por los clientes. Realizar encuestas, llevar a cabo entrevistas o mantener conversaciones abiertas con los clientes puede ayudar a identificar las tendencias emergentes y las demandas cambiantes del mercado. Esta información se puede utilizar para adaptar la estrategia de ventas y ofrecer soluciones que satisfagan las necesidades actuales de los clientes. Trabajando como vendedor en una cafetería, es importante que el vendedor escuche atentamente las preferencias y solicitudes de sus clientes. Si muchos de ellos expresan interés en opciones sin lácteos, puede sugerir alternativas a base de leche de almendras o de soja. Esto demuestra que está comprometido en satisfacer sus necesidades y les brinda una experiencia personalizada. Como vendedor en una plataforma de comercio electrónico, es crucial estar atento a las reseñas y comentarios de los clientes sobre los productos. Si varios clientes expresan la necesidad de una funcionalidad adicional en un producto, el vendedor puede comunicarlo al equipo de desarrollo para que consideren implementar esa mejora.

Un vendedor exitoso debe tener la capacidad de adaptarse rápidamente a las tendencias y cambios en el mercado. Esto implica ser ágil y flexible en la planificación y ejecución de la estrategia de ventas. Si se identifica una nueva tendencia o cambio en el mercado, el vendedor debe estar dispuesto a ajustar sus enfoques de ventas, mensajes y tácticas para aprovechar las oportunidades que surjan. Esto puede implicar el desarrollo de nuevos productos o servicios, la adopción de nuevas tecnologías de ventas o la implementación de estrategias de marketing innovadoras. En su papel como vendedor de servicios de streaming, es importante estar al tanto de las tendencias de consumo de contenido y cómo evolucionan.

Esto le permite adaptar su enfoque de ventas y destacar características como la reproducción automática del siguiente episodio, que se alinea con la forma en que los clientes disfrutan de su contenido. Como vendedor en la industria de la movilidad urbana, es necesario mantenerse actualizado con las nuevas opciones de transporte que surgen, como los servicios de alquiler de bicicletas y scooters eléctricos.

Esto le permite ofrecer soluciones de movilidad personalizadas a sus clientes en función de sus necesidades y preferencias.

El vendedor exitoso debe estar constantemente evaluando el desempeño de su estrategia de ventas y ajustándola en consecuencia. Esto implica analizar los resultados, medir el éxito de las tácticas implementadas y realizar cambios cuando sea necesario. Si una tendencia o cambio en el mercado no está generando los resultados esperados, el vendedor debe estar dispuesto a adaptar su enfoque y probar nuevas estrategias para mantenerse relevante y competitivo. Trabajando como vendedor de bebidas, es fundamental evaluar constantemente la respuesta de los clientes a diferentes productos y sabores. Si se observa una mayor demanda de opciones bajas en calorías y sin azúcar, se puede ajustar la estrategia de ventas y resaltar esas opciones para satisfacer las necesidades.

Al mantenerse informado, monitorear la competencia, escuchar al cliente, ser ágil y flexible, y evaluar y ajustar constantemente la estrategia de ventas, el vendedor exitoso puede identificar las tendencias y cambios en el mercado y adaptar su enfoque de ventas en consecuencia. Esto le permite capitalizar las oportunidades que surjan y mantenerse relevante en un entorno empresarial en constante evolución.

El análisis de mercado es una herramienta esencial para los vendedores, ya que les proporciona información valiosa sobre los competidores, el público objetivo y las tendencias del mercado. Al aplicar esta técnica, los vendedores pueden identificar oportunidades, personalizar su enfoque de ventas, diferenciarse de la competencia y adaptarse a los cambios en el mercado. Esto les permite tomar decisiones más informadas y desarrollar estrategias más efectivas para alcanzar el éxito en su trabajo de venta.

En la década de 1990, Ketel One era un vodka relativamente desconocido en los Estados Unidos, y su presencia en los bares de Nueva York era limitada. Sin embargo, los propietarios de la destilería Ketel One, los hermanos Nolet, estaban decididos a cambiar eso y convertir su vodka en una marca reconocida en la industria.

En lugar de adoptar un enfoque convencional de marketing y publicidad, los hermanos Nolet decidieron centrarse en establecer relaciones con los bartenders y los dueños de los bares en Nueva York. Sabían que, si podían ganarse el respaldo de los expertos en cócteles, el vodka Ketel One se convertiría en una opción popular entre los consumidores.

Comenzaron visitando personalmente los bares y restaurantes de la ciudad, presentándose a los bartenders y compartiendo su historia familiar y la dedicación que ponían en la creación de su vodka. Les ofrecieron muestras del vodka Ketel One y les invitaron a probarlo y experimentar con él en la creación de cócteles.

La estrategia resultó ser efectiva. Los bartenders quedaron impresionados por la calidad y suavidad del vodka Ketel One, así como por la autenticidad y pasión de los hermanos Nolet. Comenzaron a recomendarlo a sus clientes y a incluirlo en sus menús de cócteles. La noticia se extendió rápidamente entre la comunidad de bartenders de Nueva York, y el vodka Ketel One comenzó a ganar popularidad en los bares de la ciudad. Pronto, los consumidores también empezaron a pedirlo en otros bares y establecimientos.

La estrategia de establecer relaciones con los bartenders y ganar su confianza fue clave para el éxito de Ketel One en Nueva York. A medida que más y más bartenders se convirtieron en embajadores del vodka, se creó una demanda orgánica entre los consumidores. La marca Ketel One se asoció con calidad, autenticidad y el respaldo de la comunidad de bartenders, lo que contribuyó a su crecimiento y reconocimiento en la industria de las bebidas espirituosas.

La historia del vodka Ketel One en los bares de Nueva York demuestra la importancia de establecer relaciones sólidas y auténticas con los profesionales clave en la industria. Al ganarse la confianza y el respaldo de los bartenders, una marca puede llegar a ser reconocida y apreciada por los consumidores, lo que impulsa su éxito y crecimiento en el mercado.

Capítulo 2:

Escucha Activa

1. La importancia de la Escucha Activa

La escucha activa es una habilidad esencial que todo vendedor exitoso debe dominar. En el competitivo mundo de las ventas, no se trata solo de hablar y persuadir, sino de comprender y conectar con los clientes de manera significativa. Es la base para construir relaciones sólidas y duraderas con los clientes. Va más allá de simplemente oír las palabras que el cliente dice. Se trata de prestar atención y concentrarse plenamente en lo que están expresando, tanto verbal como no verbalmente.

Cuando practicamos la escucha activa, nos esforzamos por comprender el significado detrás de las palabras del cliente. Esto implica leer el lenguaje corporal, los gestos, las expresiones faciales y otras señales no verbales que pueden revelar información adicional.

Por ejemplo, un cliente puede decir: "Necesito un teléfono con una batería de larga duración". Si solo nos quedamos con esas palabras, podríamos sugerir un teléfono con una batería de alta capacidad. Sin embargo, al aplicar la escucha activa, podemos notar que el cliente también muestra frustración al mencionar esto, lo que podría indicar que ha tenido experiencias previas con teléfonos de corta duración de batería. En este caso, comprenderíamos que su necesidad no solo es tener una batería de larga duración, sino evitar la frustración de quedarse sin batería durante el día.

La escucha activa nos permite captar las necesidades, deseos y preocupaciones del cliente de manera precisa y profunda. Al estar completamente presentes en la conversación, podemos identificar las sutilezas y los matices en su discurso, lo que nos brinda una comprensión más completa de sus expectativas y requerimientos. Además, fomenta la empatía hacia el cliente. Al ponerse en sus zapatos y comprender sus perspectivas, podemos establecer una conexión más auténtica y genuina. Esto contribuye a fortalecer la relación con el cliente y genera confianza, ya que sienten que estamos comprometidos en comprender y satisfacer sus necesidades.

La escucha activa nos permite ir más allá de las palabras superficiales y comprender el significado profundo detrás de ellas. Al captar las necesidades, deseos y preocupaciones del cliente de manera precisa, podemos brindar soluciones personalizadas y construir relaciones sólidas y duraderas. Es una habilidad fundamental para los vendedores exitosos, ya que nos permite proporcionar un servicio de calidad y superar las expectativas del cliente. Muestra respeto hacia el cliente y demuestra que valoras su opinión. Al mostrar un interés genuino en lo que dicen, los clientes se sienten escuchados y comprendidos, lo que crea un ambiente de confianza mutua.

La escucha activa no solo implica comprender lo que el cliente está expresando de manera directa, sino también leer entre líneas y captar las verdaderas necesidades que pueden estar implícitas en su comunicación. Esta capacidad de descubrir pistas sutiles y comprender las necesidades no expresadas de manera directa es extremadamente valiosa para los vendedores exitosos.

Al prestar atención a los detalles durante una interacción con el cliente, se pueden detectar señales verbales y no verbales que revelan sus necesidades y deseos ocultos. Por ejemplo, un cliente puede mencionar que necesita un producto de alta calidad, pero también puede mostrar interés en conocer las características de durabilidad y garantía del producto. Estas señales indican que la durabilidad y la confiabilidad son aspectos cruciales para el cliente, y adaptar nuestras soluciones en función de esta información nos permite ofrecer productos que se ajusten exactamente a lo que están buscando.

Además, la escucha activa nos brinda la oportunidad de profundizar en la comprensión del cliente al formular preguntas abiertas y exploratorias. Estas preguntas nos permiten obtener más información sobre sus necesidades, preferencias y circunstancias específicas. Por ejemplo, al preguntar: "¿Qué es lo más importante para ti al elegir este tipo de producto?", podemos descubrir aspectos clave como el presupuesto, la conveniencia o la estética, que son fundamentales para satisfacer las necesidades del cliente de manera efectiva.

Esta información valiosa que obtenemos a través de la escucha activa nos permite adaptar nuestras soluciones y ofrecer productos o servicios que se ajusten exactamente a lo que el cliente está buscando. Al comprender sus necesidades profundas, podemos proporcionar recomendaciones personalizadas y ofrecer beneficios y características específicas que resuelvan sus desafíos y les brinden valor real.

La escucha activa nos brinda una ventaja competitiva al obtener información valiosa sobre las necesidades y deseos del cliente, incluso aquellos que pueden no expresar de manera directa. Al prestar atención a los detalles, leer entre líneas y formular preguntas adecuadas, podemos adaptar nuestras soluciones y ofrecer productos o servicios que se ajusten exactamente a lo que están buscando. Esto fortalece nuestra posición como vendedores y nos permite brindar una experiencia personalizada y satisfactoria al cliente.

Hacer preguntas claras y relevantes es una habilidad crucial en la escucha activa. Estas preguntas están diseñadas para obtener información más detallada y específica sobre las necesidades, deseos y preocupaciones del cliente. Al formular preguntas abiertas, se fomenta un diálogo significativo y se invita al cliente a expresar sus opiniones y expectativas en mayor profundidad.

Al hacer preguntas adecuadas, se generan beneficios significativos. En primer lugar, permite obtener una visión más completa y precisa de las necesidades del cliente. Al profundizar en la comprensión de su situación, desafíos y metas, podemos proporcionar soluciones más relevantes y personalizadas. Esto nos permite ofrecer productos o servicios que se ajusten exactamente a lo que el cliente está buscando, generando una mayor satisfacción y lealtad.

Además, hacer preguntas pertinentes demuestra un interés genuino en el cliente y sus necesidades. Esto ayuda a establecer una conexión más sólida y fortalece la relación comercial. El cliente se siente valorado y comprendido, lo que crea un ambiente de confianza mutua. A medida que se construye esta confianza, el cliente estará más inclinado a compartir información relevante y a buscar nuestra orientación en la toma de decisiones.

El diálogo significativo generado a través de la escucha activa y las preguntas pertinentes también facilita la construcción de relaciones comerciales a largo plazo. Establece las bases para una colaboración continua y una comunicación abierta entre el vendedor y el cliente. Al comprender y abordar las necesidades cambiantes del cliente a lo largo del tiempo, podemos adaptar nuestras ofertas y mantenernos alineados con sus expectativas en curso. Esto promueve una relación de confianza y fidelidad a largo plazo, lo que a su vez puede generar referencias y oportunidades de venta adicionales.

Los vendedores exitosos reconocen que la escucha activa implica hacer preguntas claras y pertinentes para profundizar en la comprensión de las necesidades del cliente. Al hacerlo, se genera un diálogo significativo que establece una conexión más sólida y facilita la construcción de relaciones comerciales a largo plazo. La escucha activa y las preguntas pertinentes son herramientas poderosas que nos permiten comprender mejor al cliente, brindar soluciones personalizadas y mantener relaciones comerciales exitosas en el tiempo.

2. Beneficios de la escucha activa en el proceso de ventas:

a) ***Comprender las necesidades del cliente:***
Al practicar la escucha activa, el vendedor puede captar las necesidades, deseos y preocupaciones del cliente de manera precisa y profunda. Esto le permite adaptar su enfoque de ventas y ofrecer soluciones que se ajusten exactamente a lo que el cliente está buscando. Al comprender las necesidades del cliente, el vendedor puede brindar recomendaciones más relevantes y aumentar las posibilidades de cerrar la venta.

b) ***Generar confianza y empatía***
La escucha activa demuestra al cliente que el vendedor está realmente interesado en su situación y en comprender sus perspectivas. Al prestar atención y mostrar empatía, el vendedor crea un ambiente de confianza y conexión con el cliente. Esto facilita la comunicación abierta y hace que el cliente se sienta más cómodo al expresar sus necesidades y preocupaciones. A medida que se fortalece la confianza, el cliente estará más dispuesto a considerar las recomendaciones del vendedor y a establecer una relación comercial duradera.

c) *Identificar oportunidades de venta adicionales*:
Mediante la escucha activa, el vendedor puede identificar oportunidades de venta cruzada o venta adicional. Al comprender las necesidades del cliente y escuchar atentamente sus comentarios, el vendedor puede identificar áreas en las que otros productos o servicios adicionales pueden complementar o satisfacer aún más las necesidades del cliente. Esto no solo beneficia al cliente al proporcionar soluciones más completas, sino que también genera oportunidades de venta adicionales para el vendedor.

d) *Superar objeciones y resolver problemas*:
Al escuchar activamente las preocupaciones y objeciones del cliente, el vendedor puede abordarlas de manera efectiva. Al comprender el razonamiento detrás de estas objeciones, el vendedor puede ofrecer respuestas y soluciones personalizadas que disipen las dudas del cliente y lo ayuden a tomar una decisión de compra informada. Esto demuestra al cliente que el vendedor está comprometido en resolver sus inquietudes y en brindarle un servicio de calidad.

e) *Obtener retroalimentación valiosa:*
La escucha activa también permite al vendedor recopilar retroalimentación valiosa sobre sus productos, servicios y proceso de ventas. Al estar atento a los comentarios y sugerencias del cliente, el vendedor puede identificar áreas de mejora y realizar ajustes en su enfoque de ventas. Esta retroalimentación es esencial para el crecimiento y desarrollo profesional del vendedor, ya que le brinda la oportunidad de mejorar su desempeño y ofrecer una experiencia aún mejor al cliente en el futuro.

La escucha activa brinda numerosos beneficios al vendedor en el proceso de ventas. Desde comprender las necesidades del cliente y generar confianza, hasta identificar oportunidades de venta adicionales y resolver problemas, la escucha activa es una herramienta invaluable para el éxito del vendedor. Al practicar esta habilidad, el vendedor puede mejorar su capacidad para brindar soluciones personalizadas, establecer relaciones duraderas y lograr resultados satisfactorios tanto para el cliente como para sí mismo.

3. Desarrollo de la habilidad de escucha activa.

Desarrollar la habilidad de escucha activa es fundamental para cualquier vendedor que desee mejorar su desempeño y establecer relaciones sólidas con los clientes.

La habilidad de escucha activa se puede desarrollar practicándola en la vida cotidiana. Presta atención activa a las conversaciones con amigos, familiares o colegas. Haz un esfuerzo consciente para escuchar con atención y comprender plenamente lo que te están diciendo. Esto te ayudará a transferir y aplicar esta habilidad en tus interacciones comerciales. Requiere estar presente en el momento y prestar atención completa al cliente. Practicar la atención plena en la vida cotidiana puede ayudar a desarrollar esta habilidad. Dedica tiempo cada día para concentrarte en el presente y observar activamente tu entorno, tus pensamientos y tus sensaciones físicas. Esto te ayudará a entrenar tu mente para estar más presente y enfocado durante las interacciones con los clientes.

Durante las interacciones con los clientes, es importante eliminar las distracciones y dedicar tiempo exclusivamente a escuchar. Apaga o silencia tu teléfono, evita mirar hacia otras direcciones y concéntrate plenamente en el cliente. Esto demuestra al cliente que valoras su tiempo y estás dedicado a escucharlo. La escucha reflexiva implica repetir o parafrasear las ideas clave que el cliente ha expresado.

Esto no solo muestra al cliente que has entendido su mensaje, sino que también te permite confirmar tu comprensión y aclarar cualquier malentendido. Practica la escucha reflexiva repitiendo o resumiendo lo que el cliente ha dicho para demostrar que estás escuchando activamente y comprendiendo sus necesidades.

Hacer preguntas abiertas fomenta una comunicación más profunda y detallada con el cliente. Estas preguntas invitan al cliente a compartir más información y a expresar sus pensamientos y sentimientos de manera más amplia. Practica hacer preguntas abiertas que comiencen con palabras como "¿Cómo?", "¿Qué?", "¿Por qué?" para promover un diálogo más rico y significativo. Tomar notas durante la interacción con el cliente es una forma efectiva de demostrar que estás comprometido y valoras su información. Esto te ayuda a recordar los detalles importantes y muestra al cliente que estás tomando en cuenta sus necesidades.

La empatía es esencial en la escucha activa. Esfuérzate por ponerte en el lugar del cliente y comprender sus emociones, perspectivas y necesidades. Muestra empatía a través de gestos, expresiones faciales y comentarios que reflejen tu comprensión y apoyo hacia el cliente.

Recuerda que desarrollar la habilidad de escucha activa requiere práctica y perseverancia. Con el tiempo, al aplicar estas estrategias de manera consistente, podrás mejorar tu capacidad de escuchar activamente y proporcionar una experiencia más satisfactoria a tus clientes.

4. Técnicas para mejorar la escucha activa.

Existen varias técnicas que se pueden aprender de los grandes vendedores del mundo para mejorar la escucha activa. A continuación, se presentan algunos ejemplos prácticos:

a) **Reflejar y parafrasear:**
Esta técnica consiste en repetir o resumir las ideas principales del cliente para demostrar que se ha comprendido correctamente. Un ejemplo de esto es el famoso vendedor de automóviles, Joe Girard, quien se destacó por repetir las necesidades y deseos del cliente durante la conversación de ventas. Al reflejar y parafrasear, el vendedor muestra al cliente que está prestando atención y se preocupa por entender sus necesidades.

b) **Preguntas de seguimiento:**
Los grandes vendedores utilizan preguntas de seguimiento para profundizar en la comprensión de las necesidades y preocupaciones del cliente. Por ejemplo, Mary Kay Ash, fundadora de Mary Kay Cosmetics, solía hacer preguntas abiertas como "¿Podrías contarme más sobre eso?" o "¿Cómo crees que esto podría afectar tu negocio?" Estas preguntas permiten al vendedor obtener más información y comprender mejor la situación del cliente.

c) **Silencio estratégico:**
El silencio estratégico es una técnica poderosa utilizada por muchos grandes vendedores. Consiste en permanecer en silencio después de que el cliente ha hecho una afirmación o ha expresado una preocupación, lo que brinda al cliente la oportunidad de expandirse o profundizar en su pensamiento. Esta técnica también puede ser utilizada para darle al cliente tiempo para reflexionar o tomar una decisión. Por ejemplo, Grant Cardone, un reconocido vendedor y autor, utiliza el silencio estratégico para permitir que el cliente piense y se sienta más cómodo para compartir más información.

d) **Escucha activa no verbal:**

Los grandes vendedores comprenden la importancia de prestar atención a los gestos y lenguaje corporal del cliente. Por ejemplo, Tony Robbins, famoso motivador y vendedor, ha destacado la importancia de observar los movimientos oculares y los gestos faciales del cliente para obtener pistas sobre sus preferencias y emociones. La escucha activa no verbal complementa la escucha activa verbal y ayuda al vendedor a comprender mejor las necesidades y deseos del cliente.

e) **Resumir y recapitular:**

Al final de una conversación o interacción con el cliente, los grandes vendedores suelen resumir y recapitular los puntos clave discutidos. Esta técnica permite al vendedor demostrar que ha escuchado activamente y ha comprendido la información proporcionada por el cliente. Al resumir y recapitular, el vendedor también brinda al cliente la oportunidad de corregir cualquier malentendido o agregar información adicional. Por ejemplo, Zig Ziglar, reconocido autor y orador motivacional, solía resumir las necesidades y objetivos del cliente al final de la conversación para asegurarse de que ambos estuvieran en la misma página.

Estas son solo algunas de las técnicas de escucha activa que se pueden aprender de los grandes vendedores del mundo. Cada uno de ellos ha desarrollado su propio estilo y enfoque, pero todos comparten la habilidad de escuchar atentamente y comprender las necesidades del cliente. Al estudiar y aprender de sus técnicas, los vendedores pueden mejorar su habilidad

5. El arte de formular preguntas efectivas para comprender las necesidades de los clientes.

El arte de formular preguntas efectivas en el contexto de comprender las necesidades de los clientes implica la capacidad de hacer preguntas estratégicas que revelen información relevante y profunda. Podemos comparar esta habilidad con el arte de hacer preguntas en el cine, donde los cineastas utilizan preguntas cuidadosamente elaboradas para desarrollar la trama y revelar la verdad sobre los personajes.

Algunos ejemplos de cómo podemos definir el arte de formular preguntas efectivas, utilizando referencias cinematográficas, son los siguientes:

a) *"La pregunta clave":* En muchas películas, hay una pregunta central que desencadena el desarrollo de la historia. Del mismo modo, en el arte de formular preguntas efectivas, existe una pregunta clave que puede revelar la verdadera necesidad del cliente. Por ejemplo, en la película "El curioso caso de Benjamin Button", la pregunta clave podría ser: "¿Qué es lo que realmente deseas en la vida?". El vendedor debe desarrollar la habilidad de identificar la pregunta clave que revelará la verdadera necesidad del cliente. Hacer preguntas abiertas y reflexivas puede ayudar a descubrir los motivos y objetivos del cliente detrás de su compra. Esto permitirá al vendedor adaptar su enfoque y ofrecer soluciones personalizadas que satisfagan esas necesidades específicas.

b) *"La pregunta sorpresa":* Al igual que en el cine, donde las preguntas sorpresa pueden cambiar la perspectiva de los personajes y desvelar información importante, en las ventas, hacer preguntas inesperadas puede revelar necesidades ocultas del cliente. Por ejemplo, en la película "El origen", la pregunta sorpresa sería: "Si pudieras tener cualquier cosa en el mundo, sin limitaciones, ¿qué sería?". Al hacer preguntas inesperadas, el vendedor puede captar la atención del cliente y descubrir necesidades ocultas o deseos no expresados. Estas preguntas sorpresa pueden ayudar a generar una conversación más profunda y significativa, permitiendo al vendedor comprender mejor las motivaciones del cliente y ofrecer soluciones relevantes.

c) ***"La pregunta reveladora":*** En algunas películas, hay preguntas reveladoras que ayudan a los personajes a entenderse a sí mismos y a tomar decisiones importantes. En las ventas, hacer preguntas reveladoras puede ayudar al vendedor a comprender las motivaciones y necesidades más profundas del cliente. Por ejemplo, en la película "Lost in Translation", la pregunta reveladora sería: "¿Qué es lo que realmente te hace feliz en tu trabajo?". El vendedor debe utilizar preguntas reveladoras que ayuden al cliente a reflexionar sobre su situación actual y sus metas futuras. Estas preguntas permiten al vendedor comprender mejor las necesidades y deseos más profundos del cliente, lo que a su vez facilita la presentación de productos o servicios que estén alineados con esas necesidades y deseos.

d) ***"La pregunta desafío":*** En ocasiones, las películas presentan preguntas desafío que obligan a los personajes a reflexionar sobre su situación y tomar decisiones difíciles. En las ventas, hacer preguntas desafío puede llevar al cliente a reconsiderar sus opciones y descubrir nuevas necesidades. Por ejemplo, en la película "El club de la pelea", la pregunta desafío sería: "Si no tuvieras miedo al fracaso, ¿qué te gustaría lograr en tu vida profesional?". Las preguntas desafío permiten al vendedor llevar al cliente a cuestionar sus creencias y considerar nuevas posibilidades. Al hacer preguntas desafío, el vendedor puede ayudar al cliente a explorar alternativas y descubrir soluciones que podrían no haber considerado previamente. Esto implica hacer preguntas que motiven al cliente a reflexionar y tomar decisiones más informadas.

Al aplicar estas técnicas de formulación de preguntas efectivas, los vendedores pueden mejorar su capacidad de escucha activa, comprender mejor las necesidades de los clientes y ofrecer soluciones relevantes y personalizadas. Esto, a su vez, ayuda a establecer relaciones sólidas con los clientes, generar confianza y aumentar las posibilidades de éxito en las ventas.

6. Importancia de prestar atención a los detalles durante las interacciones con los clientes.

La importancia de prestar atención a los detalles durante las interacciones con los clientes radica en la capacidad de captar información relevante y comprender mejor sus necesidades y preferencias. Al prestar atención a los detalles, los vendedores demuestran un compromiso genuino hacia el cliente, lo cual fortalece la relación y aumenta las posibilidades de éxito en las ventas.

Cuando los vendedores prestan atención a los detalles durante las interacciones con los clientes, pueden notar señales verbales y no verbales que les brindan información valiosa. Esto incluye observar el lenguaje corporal del cliente, captar las emociones y expresiones faciales, así como prestar atención a los comentarios sutiles o indicadores de interés. Estos detalles pueden ayudar a los vendedores a adaptar su enfoque de ventas, personalizar sus recomendaciones y proporcionar soluciones más relevantes.

Además, al prestar atención a los detalles, los vendedores demuestran respeto y consideración hacia el cliente. Esto crea una experiencia más positiva y memorable para el cliente, lo que puede generar fidelidad a largo plazo. Los clientes se sienten valorados cuando un vendedor muestra interés genuino en sus necesidades y se toma el tiempo para comprender su situación específica.

Un ejemplo de la importancia de prestar atención a los detalles en la vida real es el servicio personalizado en un restaurante. Cuando un camarero presta atención a los detalles durante la interacción con los comensales, puede notar sus preferencias alimenticias, alergias o restricciones dietéticas. Esto permite al camarero ofrecer recomendaciones adecuadas y personalizar el servicio en función de las necesidades individuales de cada cliente. El cliente se siente valorado y atendido, lo que mejora su experiencia en el restaurante y aumenta la posibilidad de que regrese en el futuro.

Prestar atención a los detalles durante las interacciones con los clientes es fundamental para comprender sus necesidades, adaptar el enfoque de ventas y brindar un servicio personalizado. Los vendedores exitosos entienden que los pequeños detalles pueden marcar la diferencia en la experiencia del cliente y construir relaciones sólidas a largo plazo.

7. La capacidad de leer entre líneas y captar las preocupaciones subyacentes de los clientes.

Leer entre líneas va más allá de las palabras que los clientes expresan y se enfoca en comprender las necesidades y preocupaciones que pueden no ser evidentes a simple vista. Esta habilidad permite al vendedor identificar las inquietudes ocultas del cliente y ofrecer soluciones que aborden de manera efectiva esas preocupaciones.

Cuando un vendedor puede leer entre líneas, puede detectar señales indirectas, tono de voz, lenguaje corporal y otros aspectos sutiles que revelan las preocupaciones subyacentes del cliente.

Estas preocupaciones pueden estar relacionadas con el presupuesto, la calidad del producto, la durabilidad, la satisfacción del cliente anterior o cualquier otro factor que influya en su toma de decisiones.

Al captar estas preocupaciones subyacentes, el vendedor puede abordarlas de manera proactiva y ofrecer soluciones que tranquilicen al cliente y generen confianza. Esto implica presentar características o beneficios específicos que resuelvan las preocupaciones y demostrar cómo el producto o servicio puede satisfacer sus necesidades de manera efectiva.

Un ejemplo de la importancia de leer entre líneas y captar las preocupaciones subyacentes de los clientes es el éxito de un vendedor de seguros de vida. Supongamos que un cliente se muestra interesado en adquirir un seguro de vida, pero durante la conversación, el vendedor percibe cierta inseguridad y preocupación acerca de si su familia estuviese bien atendida en caso de su fallecimiento.

Al percibir la inseguridad y preocupación del cliente acerca de la protección financiera de su familia en caso de fallecimiento, el vendedor adopta un enfoque empático y orientado a proporcionar tranquilidad. En lugar de centrarse únicamente en las características del producto, se enfoca en los beneficios específicos que abordan directamente la preocupación del cliente.

El vendedor utiliza ejemplos de casos reales donde el seguro de vida ha brindado seguridad económica a familias en situaciones difíciles. Puede contar historias de personas que, gracias a su póliza de seguro de vida, lograron mantener la estabilidad financiera de sus seres queridos después de un evento trágico. Al hacerlo, el vendedor no solo demuestra su comprensión de las preocupaciones del cliente, sino que también brinda pruebas concretas de cómo el seguro de vida puede marcar la diferencia en momentos difíciles.

Este enfoque personalizado y basado en las preocupaciones del cliente genera confianza y establece una conexión emocional entre el vendedor y el cliente.

El cliente se siente escuchado, comprendido y apoyado en sus inquietudes. Como resultado, es más probable que confíe en las recomendaciones del vendedor y esté dispuesto a adquirir un seguro de vida para proteger a su familia. Al abordar estas preocupaciones subyacentes y demostrar una comprensión genuina de las inquietudes del cliente, el vendedor logrará generar confianza y aumentar las posibilidades de éxito en la venta del seguro de vida.

Este enfoque centrado en las preocupaciones del cliente será la clave fundamental para el éxito del vendedor.

La capacidad de leer entre líneas y captar las preocupaciones subyacentes de los clientes permite a los vendedores adaptar su enfoque, abordar las preocupaciones y ofrecer soluciones que satisfagan las necesidades del cliente.

Esta habilidad es fundamental para establecer una conexión sólida, generar confianza y lograr el éxito en las ventas.

La escucha activa es una herramienta poderosa que los vendedores exitosos utilizan para personalizar soluciones y satisfacer las necesidades individuales de cada cliente. Al adoptar una actitud receptiva y prestando atención a los detalles durante las interacciones con los clientes, los vendedores pueden captar información clave que les permite adaptar sus productos o servicios para satisfacer las necesidades específicas de cada persona.

Al utilizar la escucha activa, los vendedores pueden identificar las necesidades particulares de cada cliente y comprender a fondo sus deseos, preferencias y desafíos. Esto implica ir más allá de las respuestas superficiales y explorar más a fondo las motivaciones y objetivos del cliente. Mediante la formulación de preguntas relevantes y la observación de señales verbales y no verbales, los vendedores pueden obtener información valiosa sobre las preferencias, expectativas y preocupaciones del cliente.

Una vez que los vendedores han recopilado esta información, pueden utilizarla para personalizar soluciones que se ajusten perfectamente a las necesidades individuales de cada cliente. Por ejemplo, si un cliente está buscando un software de gestión empresarial, el vendedor puede utilizar la escucha activa para comprender los desafíos específicos que enfrenta el cliente en su industria. Luego, puede recomendar un software que aborde esos desafíos de manera efectiva y proporcionar ejemplos concretos de cómo ha ayudado a otros clientes en situaciones similares.

La personalización de soluciones basadas en la escucha activa demuestra al cliente que el vendedor se preocupa por entender sus necesidades y encontrar la mejor opción para ellos. Esto crea un vínculo de confianza y muestra al cliente que el vendedor está comprometido en brindar un servicio excepcional y adaptado a su situación específica.

Además, al personalizar las soluciones, los vendedores pueden destacarse de la competencia y agregar un valor diferencial. Los clientes aprecian cuando se les brinda una solución a medida que aborda sus necesidades específicas y les ayuda a alcanzar sus objetivos. Esto no solo conduce a una mayor satisfacción del cliente, sino también a relaciones comerciales a largo plazo y recomendaciones positivas boca a boca.

Utilizar la escucha activa en el proceso de ventas permite a los vendedores comprender las necesidades individuales de cada cliente y personalizar soluciones que satisfagan esas necesidades de manera precisa. Esto no solo mejora la experiencia del cliente, sino que también establece una relación de confianza y genera resultados positivos tanto para los vendedores como para los clientes.

Casos de estudio y ejemplos prácticos de cómo la escucha activa ha llevado al éxito en las ventas.

Caso de estudio: Apple Store

Apple es una reconocida empresa de tecnología con sede en Cupertino, California. Fundada en 1976, Apple se ha convertido en uno de los principales líderes de la industria, conocido por su innovación en productos como el iPhone, iPad, Mac y Apple Watch, así como por su ecosistema de servicios y software.

Apple se distingue por su enfoque en el diseño elegante, la calidad de construcción y la experiencia del usuario. La compañía ha establecido una fuerte lealtad de marca y cuenta con una base de clientes globalmente diversa.

En términos de ventas estimadas anuales, Apple ha experimentado un crecimiento significativo a lo largo de los años. Según los informes financieros de la compañía, en el año fiscal 2020, Apple generó ingresos totales de aproximadamente 274.5 mil millones de dólares. Sin embargo, es importante tener en cuenta que las cifras de ventas pueden variar año tras año debido a factores como la demanda del mercado, la introducción de nuevos productos y la competencia en la industria tecnológica.

Ejemplo práctico: En las tiendas de Apple, los empleados son conocidos por su enfoque en la escucha activa. Durante una visita a una Apple Store, un cliente expresó su interés en un iPhone, pero también mencionó su pasión por la fotografía y la necesidad de una cámara de alta calidad. El empleado, utilizando la escucha activa, recomendó el iPhone con características avanzadas de fotografía y compartió ejemplos de fotografías tomadas con el dispositivo. Al adaptar la solución a las necesidades y preferencias del cliente, Apple pudo cerrar una venta exitosa y generar una experiencia positiva para el cliente.

En este ejemplo práctico, el enfoque en la escucha activa por parte de los empleados de Apple fue fundamental para brindar una experiencia personalizada y exitosa al cliente. Durante la interacción en la tienda, el empleado no solo se limitó a tomar nota del interés del cliente en un iPhone, sino que también prestó atención a su mención de la fotografía y la necesidad de una cámara de alta calidad.

La escucha activa permitió al empleado comprender las necesidades específicas del cliente y encontrar la solución adecuada. En lugar de simplemente ofrecer el iPhone más reciente o el modelo más popular, el empleado utilizó su conocimiento sobre las características avanzadas de fotografía del iPhone para resaltar cómo el producto podía satisfacer la pasión del cliente por la fotografía.

Además, al compartir ejemplos de fotografías tomadas con el dispositivo, el empleado brindó pruebas tangibles de la calidad y el rendimiento de la cámara del iPhone. Esto ayudó al cliente a visualizar cómo el producto podía cumplir sus expectativas y superar sus necesidades.

La capacidad de adaptar la solución a las necesidades y preferencias individuales del cliente, gracias a la escucha activa, permitió a Apple cerrar una venta exitosa. Además, el cliente experimentó una sensación de valor agregado al recibir una recomendación personalizada y ver cómo el producto se alineaba con sus intereses y pasiones.

Este caso de estudio de Apple Store muestra cómo la escucha activa puede llevar al éxito en las ventas al permitir a los vendedores comprender profundamente las necesidades del cliente y ofrecer soluciones personalizadas que generan satisfacción y confianza.

Caso de estudio: Zappos

Zappos es una reconocida compañía de comercio electrónico especializada en la venta de calzado y accesorios. Fundada en 1999, se ha destacado por su enfoque en brindar una excelente experiencia de servicio al cliente. Zappos es conocida por su amplia selección de productos, políticas de devolución sin complicaciones y un equipo de servicio al cliente altamente capacitado.

En términos de ventas estimadas anuales, según datos hasta 2021, Zappos generó alrededor de 1.3 mil millones de dólares en ingresos anuales. Esta cifra ha fluctuado a lo largo de los años, pero ha posicionado a Zappos como una de las principales empresas en la industria del comercio electrónico de calzado.

Además de su enfoque en la satisfacción del cliente, Zappos también se ha destacado por su cultura empresarial única. La compañía se esfuerza por crear un ambiente de trabajo positivo y fomentar la creatividad y la innovación entre sus empleados. Zappos ha sido reconocida por su enfoque centrado en las personas y su compromiso con la excelencia en el servicio al cliente.

Ejemplo práctico: Zappos, la reconocida tienda de calzado en línea, ha hecho de la escucha activa uno de sus principales pilares de servicio al cliente. Un ejemplo de su enfoque es cuando un cliente llama para realizar una devolución de zapatos. En lugar de simplemente procesar la devolución, los agentes de Zappos aprovechan la oportunidad para escuchar atentamente al cliente y descubrir sus preferencias, gustos y necesidades.

Basándose en esta información, los agentes ofrecen recomendaciones personalizadas de otros productos que podrían ser de interés para el cliente. Esta práctica de escucha activa ha contribuido al éxito y a la reputación excepcional de servicio al cliente de Zappos.
En el caso de estudio de Zappos, la tienda de calzado en línea, la escucha activa ha sido fundamental para su éxito y reputación en servicio al cliente. Cuando un cliente llama para realizar una devolución de zapatos, los agentes de Zappos no se limitan simplemente a procesar la devolución de manera mecánica. En cambio, aprovechan esta oportunidad para practicar la escucha activa y comprender mejor al cliente.

Durante la interacción, los agentes de Zappos se toman el tiempo para escuchar atentamente al cliente, prestando atención a sus preferencias, gustos y necesidades. Pueden indagar sobre la razón de la devolución, las expectativas del cliente y qué características busca en un par de zapatos. Esta información es clave para comprender a fondo al cliente y personalizar la experiencia de compra.

Basándose en la información recopilada, los agentes de Zappos aprovechan la oportunidad para ofrecer recomendaciones personalizadas de otros productos que podrían ser de interés para el cliente. Por ejemplo, si el cliente menciona que está buscando un calzado deportivo cómodo, los agentes podrían sugerir opciones adicionales de marcas populares y modelos que se ajusten a esas necesidades específicas. Esta práctica de escucha activa y ofrecer recomendaciones personalizadas crea un valor adicional para el cliente, ya que se sienten comprendidos y atendidos de manera individualizada.

La escucha activa en Zappos ha contribuido en gran medida a su reputación excepcional en servicio al cliente. Los clientes se sienten valorados y apreciados cuando sus necesidades son comprendidas y se les ofrece una experiencia de compra personalizada. Esta práctica ha llevado a altos niveles de satisfacción del cliente y a una mayor fidelidad hacia la marca. Además, el boca a boca positivo generado por estas experiencias ha sido un factor clave para el crecimiento y el éxito continuo de Zappos en la industria del comercio electrónico de calzado.

El enfoque de escucha activa de Zappos durante las interacciones con los clientes, incluso en casos de devoluciones, ha demostrado ser una estrategia efectiva para mejorar la experiencia del cliente y generar lealtad hacia la marca.

Al comprender y atender las necesidades individuales de cada cliente, Zappos ha establecido un estándar ejemplar en el servicio al cliente y se ha destacado como líder en la industria del comercio electrónico.

Caso de estudio: Starbucks

Starbucks es una reconocida cadena internacional de cafeterías y una de las marcas más icónicas en la industria del café. Fundada en 1971 en Seattle, Estados Unidos, Starbucks se ha expandido a nivel global con miles de tiendas en todo el mundo.

La compañía se ha destacado por su enfoque en la calidad del café, la experiencia del cliente y la creación de un ambiente acogedor en sus establecimientos. Ofrece una amplia variedad de bebidas de café, tés, bebidas frías, productos de panadería y opciones de alimentos preparados.

Starbucks ha logrado establecer una sólida presencia en diversos mercados internacionales, ganando reconocimiento y lealtad de los consumidores. Sus ventas anuales estimadas en el año fiscal 2021 fueron de aproximadamente 28.5 mil millones de dólares, lo que destaca su posición como uno de los líderes de la industria del café.

La compañía también se ha comprometido con la sostenibilidad y ha implementado iniciativas para promover prácticas responsables en la cadena de suministro de café, así como para reducir su impacto ambiental.

Starbucks se ha convertido en una marca globalmente reconocida, conocida por su enfoque en la calidad del café, la experiencia del cliente y su presencia en diversos mercados. Su éxito se refleja en sus ventas anuales significativas y su compromiso con la sostenibilidad.

Ejemplo práctico: Starbucks se ha destacado por su enfoque en la escucha activa para crear experiencias personalizadas para sus clientes. Durante una visita a una tienda Starbucks, un barista notó que un cliente mencionaba su preferencia por bebidas con menos azúcar y más opciones saludables. El barista utilizó la escucha activa para ofrecer alternativas de bebidas bajas en azúcar y opciones de leche sin lactosa o sin lácteos. Al responder a las necesidades y preferencias del cliente de manera personalizada, Starbucks logró brindar una experiencia excepcional y fidelizar al cliente.

En el caso de Starbucks, la escucha activa se ha convertido en una parte fundamental de su cultura de servicio al cliente. Los baristas están entrenados para prestar atención a los detalles y captar las necesidades y preferencias de los clientes durante sus interacciones. Un ejemplo práctico de esto es cuando un cliente menciona su preferencia por bebidas con menos azúcar y opciones saludables.

En este caso, el barista demuestra habilidades de escucha activa al estar atento a la solicitud del cliente y comprender su deseo de tener alternativas más saludables. Utilizando su conocimiento sobre el menú de Starbucks, el barista puede recomendar bebidas bajas en azúcar, como opciones de café sin azúcar añadida o endulzadas con edulcorantes naturales. Además, el barista puede ofrecer opciones de leche sin lactosa o sin lácteos para aquellos clientes con necesidades dietéticas específicas.

Al responder a las necesidades y preferencias del cliente de manera personalizada, Starbucks logra brindar una experiencia excepcional. El cliente se siente valorado y comprendido, lo que fortalece la conexión emocional con la marca. Esta atención personalizada no solo crea una experiencia positiva en el momento, sino que también contribuye a la fidelización del cliente a largo plazo. El cliente se convierte en un defensor de la marca y es más probable que regrese y recomiende Starbucks a otros.

Este caso de estudio destaca cómo la escucha activa en Starbucks va más allá de simplemente tomar pedidos. Los baristas se esfuerzan por comprender las preferencias y necesidades individuales de cada cliente y ofrecer soluciones personalizadas.

Esto no solo impulsa el éxito de la empresa, sino que también contribuye a su reputación como un lugar donde los clientes se sienten escuchados y atendidos.

Estos casos reales demuestran cómo la escucha activa ha sido clave para el éxito de marcas reconocidas como Apple, Zappos y Starbucks. Al prestar atención a las necesidades y preferencias de los clientes, estas empresas han logrado generar relaciones sólidas, aumentar la satisfacción del cliente y fomentar la lealtad a la marca.

10. Consejos y recomendaciones finales para desarrollar y mantener la habilidad de escucha activa en el ámbito de las ventas.

1. Practica la atención plena: Cultiva la habilidad de estar presente en el momento y prestar atención completa a las interacciones con los clientes.
2. Elimina distracciones: Evita distracciones como teléfonos móviles o pensamientos irrelevantes durante las conversaciones con los clientes.
3. Evita interrumpir: Permite que los clientes se expresen por completo antes de intervenir. Evita interrumpirlos o terminar sus frases.
4. Haz preguntas abiertas: Utiliza preguntas abiertas para fomentar una conversación más profunda y obtener información relevante.
5. Presta atención a las señales no verbales: Observa el lenguaje corporal, expresiones faciales y tono de voz del cliente para captar información adicional.
6. Repite y parafrasea: Resume y repite lo que el cliente ha dicho para asegurarte de comprender correctamente su mensaje.
7. Muestra empatía: Ponte en el lugar del cliente y demuestra comprensión y empatía hacia sus necesidades y preocupaciones.

8. Sé paciente: No te apresures en responder. Dale al cliente el tiempo que necesita para expresarse por completo.
9. Utiliza el silencio: A veces, el silencio puede permitir que el cliente reflexione y comparta información adicional.
10. Toma notas: Mantén un registro de los puntos clave mencionados por el cliente para referencias futuras y para mostrar tu interés en su mensaje.
11. Practica la escucha activa fuera del trabajo: Aplica la escucha activa en tus interacciones diarias fuera del ámbito laboral para desarrollar y fortalecer la habilidad.
12. Busca retroalimentación: Pide a tus colegas o supervisores que te den retroalimentación sobre tus habilidades de escucha activa y busca áreas de mejora.
13. Aprende de los demás: Observa a vendedores exitosos y toma nota de sus técnicas de escucha activa para incorporarlas en tu propio estilo.
14. Participa en cursos de desarrollo personal: Considera la posibilidad de asistir a cursos de comunicación y escucha activa para aprender nuevas técnicas y estrategias.
15. Reflexiona y analiza: Después de cada interacción con un cliente, tómate un momento para reflexionar sobre tu desempeño y buscar oportunidades de mejora en tus habilidades de escucha activa.

Recuerda que la escucha activa es una habilidad que requiere práctica y esfuerzo continuo. Cuanto más te dediques a desarrollarla, mejores resultados obtendrás en tus ventas y relaciones con los clientes.

El Vendedor de Cerveza

Jaime era un vendedor talentoso que trabajaba para una reconocida empresa cervecera. Era conocido por su habilidad para practicar la escucha activa y comprender las necesidades de sus clientes.

En cierta ocasión, Jaime visitó a un cliente potencial llamado Roberto, propietario de un bar y restaurante local. Roberto estaba buscando agregar una nueva cerveza a su menú, pero tenía dificultades para encontrar una opción que realmente destacara y atrajera a sus clientes.

En lugar de presentar de inmediato las características y beneficios de sus cervezas, Jaime decidió utilizar la técnica de la escucha activa. Le hizo preguntas abiertas para que Roberto pudiera expresar sus deseos y expectativas en cuanto a la cerveza que quería ofrecer.

Jaime escuchó atentamente las respuestas de Roberto, mostrando un genuino interés en sus preferencias y necesidades. Hizo preguntas de seguimiento para profundizar en su comprensión y descubrió que Roberto buscaba una cerveza única y distintiva que pudiera deleitar a sus clientes y diferenciar su establecimiento de la competencia.

Con toda la información que había recopilado, Jaime pudo ofrecer una solución personalizada. Le recomendó una cerveza artesanal producida localmente, con sabores innovadores y una presentación atractiva. Explicó cómo esta cerveza capturaría la atención de los clientes y crearía una experiencia única en el bar de Roberto.

Además de la recomendación de la cerveza, Jaime compartió consejos sobre maridajes de alimentos y cómo promover la cerveza para aumentar su demanda. Demostró un amplio conocimiento sobre la industria cervecera y ofreció sugerencias prácticas para impulsar las ventas y la satisfacción del cliente.

La habilidad de Jaime para practicar la escucha activa y adaptarse a las necesidades de Roberto fue apreciada. Roberto valoró el hecho de que Jaime se tomara el tiempo para escucharlo y entender su visión, lo cual se reflejó en su decisión de incluir la cerveza recomendada en su menú.

Esta historia ilustra cómo la escucha activa puede marcar la diferencia en las ventas, incluso en el contexto de la venta de cerveza. Al escuchar y comprender las preferencias y necesidades de los clientes, los vendedores pueden ofrecer soluciones personalizadas y generar una conexión auténtica. La escucha activa no solo conduce a ventas exitosas, sino que también construye relaciones sólidas y duraderas con los clientes.

Capítulo 3:

Estableciendo Relaciones Duraderas

La construcción de relaciones sólidas con los clientes es esencial para el éxito a largo plazo en las ventas. En este capítulo, exploraremos estrategias para establecer conexiones significativas con tus clientes, desde el primer contacto hasta la postventa. Aprenderás cómo generar confianza, cómo adaptarte a diferentes estilos de comunicación y cómo mantenerte en contacto con tus clientes para fortalecer las relaciones y generar oportunidades de ventas repetidas.

1. Importancia de las relaciones duraderas en las ventas:

La importancia de las relaciones duraderas en las ventas radica en que los clientes no solo buscan adquirir un producto o servicio, sino también establecer una conexión significativa con la marca y sentirse valorados. A continuación, se desarrollan las razones por las cuales es crucial establecer y mantener relaciones sólidas con los clientes para el éxito a largo plazo en las ventas:

A. Fidelización de clientes:

Al construir relaciones duraderas, se fortalece el vínculo entre el cliente y la marca, lo que lleva a una mayor fidelidad. Los clientes satisfechos y comprometidos tienen más probabilidades de repetir compras y recomendar la marca a otros, lo que se traduce en un crecimiento constante del negocio.

Construir relaciones duraderas y significativas con los clientes fortalece el vínculo entre el cliente y la marca, lo que a su vez genera una mayor fidelidad por parte de los clientes. Cuando los clientes están satisfechos y comprometidos, tienen más probabilidades de repetir compras y recomendar la marca a otros, lo que se traduce en un crecimiento constante del negocio. Es fundamental generar confianza. Al establecer relaciones sólidas, los vendedores crean un ambiente en el que los clientes confían en sus conocimientos y en la calidad de los productos o servicios que ofrecen. Los clientes confiados en un vendedor están más dispuestos a seguir haciendo negocios con él y a recomendarlo a otros.

Además de la confianza, la fidelización de clientes implica la repetición de compras. Al conocer a fondo a los clientes y comprender sus necesidades y preferencias, los vendedores pueden ofrecer soluciones personalizadas que se ajusten a sus requerimientos. Esta personalización en el proceso de ventas crea una experiencia positiva para el cliente, lo que aumenta las posibilidades de que vuelva a realizar compras con el mismo vendedor en lugar de buscar alternativas en el mercado. La fidelización de clientes es esencial para el éxito de un vendedor a largo plazo. Al construir relaciones duraderas, generar confianza y ofrecer soluciones personalizadas, los vendedores pueden cultivar la fidelidad de sus clientes. Esto no solo se traduce en repetición de compras, sino también en recomendaciones y referencias que ayudan a expandir la base de clientes y a garantizar un crecimiento constante del negocio.

B. Mayor retención de clientes:

Cuando se establece una relación sólida con los clientes, se reduce la probabilidad de que cambien a la competencia. La confianza y la lealtad que se desarrollan a través de una relación duradera brindan a los clientes menos motivos para buscar alternativas y se sienten más seguros al continuar haciendo negocios con la misma marca.

Cuando un vendedor logra establecer una relación sólida con sus clientes, se reduce significativamente la probabilidad de que estos cambien a la competencia. La confianza y la lealtad que se desarrollan a través de una relación duradera brindan a los clientes menos motivos para buscar alternativas y se sienten más seguros al continuar haciendo negocios con la misma marca.

Imaginemos un vendedor de una empresa de telecomunicaciones que ha construido una relación sólida con uno de sus clientes durante varios años. Esta relación sólida se ha construido a través de diversas acciones y comportamientos por parte del vendedor, que han generado confianza y lealtad en el cliente. En primer lugar, el vendedor ha demostrado su compromiso en brindar un excelente servicio al cliente. Ha estado disponible de manera constante, ya sea a través de llamadas telefónicas, correos electrónicos o visitas personales. Siempre que el cliente ha tenido alguna inquietud o problema, el vendedor ha respondido de manera rápida y eficiente, mostrando una actitud proactiva y resolutiva.

Además, el vendedor ha establecido una comunicación abierta y transparente con el cliente. Ha sido receptivo a escuchar las necesidades y preocupaciones del cliente, mostrando empatía y comprensión. A través de una escucha activa, ha sido capaz de entender las expectativas del cliente y ha trabajado en conjunto para encontrar soluciones adecuadas a sus requerimientos.

El vendedor también ha mantenido una comunicación regular con el cliente, incluso después de la venta inicial. Ha realizado seguimiento periódico para asegurarse de que el cliente esté satisfecho con el servicio y para estar al tanto de cualquier cambio en sus necesidades. Esta atención continua ha reforzado la relación y ha generado confianza en la empresa y en el vendedor como un socio confiable a largo plazo.

Imaginemos un vendedor de una tienda de ropa que se ha destacado por su compromiso en conocer a sus clientes de manera individual. Este vendedor entiende que cada cliente es único y tiene preferencias y necesidades distintas. Por lo tanto, se toma el tiempo necesario para establecer una conexión personal con cada uno de ellos.

El vendedor inicia conversaciones con los clientes, ya sea durante su visita a la tienda o a través de interacciones en línea, para comprender mejor sus gustos, estilo de vida y objetivos al comprar ropa. Utiliza la escucha activa para captar los detalles y las preferencias que los clientes mencionan durante estas conversaciones.

Además, el vendedor realiza preguntas pertinentes y claras para profundizar en la comprensión de las necesidades individuales de cada cliente. Por ejemplo, puede preguntar sobre la ocasión para la que están buscando ropa, sus colores favoritos, las marcas o estilos que les atraen, y cualquier otra información relevante que les ayude a ofrecer recomendaciones personalizadas.

Al tomarse el tiempo de conocer a sus clientes de manera individual, el vendedor crea una relación de confianza y demuestra que realmente se preocupa por satisfacer sus necesidades. Este enfoque personalizado permite al vendedor brindar recomendaciones precisas y relevantes a cada cliente, lo que genera una experiencia de compra única y satisfactoria.

Los clientes valoran la atención y el cuidado que el vendedor pone en su experiencia de compra. Se sienten comprendidos y apreciados, lo que fortalece la relación entre el vendedor y el cliente. Como resultado, estos clientes se sienten motivados a regresar a la tienda una y otra vez, confiando en que recibirán un servicio excepcional y recomendaciones adaptadas a sus gustos y necesidades.

Cuando un vendedor se toma el tiempo de conocer a sus clientes de manera individual, establece una relación de confianza y brinda recomendaciones personalizadas, lo que genera una experiencia de compra memorable y fomenta la fidelidad del cliente.

C. Incremento de las ventas cruzadas y adicionales:

Al conocer a fondo las necesidades y preferencias de los clientes, es posible identificar oportunidades para ofrecer productos o servicios complementarios. Una relación duradera permite un mejor entendimiento de las necesidades cambiantes del cliente, lo que lleva a ventas adicionales y cruzadas de manera natural.

Al conocer a fondo las necesidades y preferencias de los clientes, un vendedor tiene la oportunidad de identificar oportunidades para ofrecer productos o servicios complementarios. Mediante una relación duradera y un constante diálogo con el cliente, el vendedor puede obtener un mejor entendimiento de las necesidades cambiantes del cliente, lo que le permite presentarle soluciones adicionales que sean relevantes y beneficiosas.

Cuando un vendedor comprende las necesidades específicas del cliente, puede sugerir productos o servicios adicionales que complementen su compra inicial. Por ejemplo, si un cliente adquiere una cámara fotográfica, el vendedor puede ofrecerle lentes adicionales, una bolsa de transporte o un trípode que sean compatibles con la cámara. Esta venta adicional no solo aumenta el valor de la venta, sino que también satisface las necesidades más amplias del cliente y mejora su experiencia.

Además de las ventas adicionales, un vendedor puede aprovechar una relación duradera para fomentar las ventas cruzadas. Esto implica ofrecer productos o servicios relacionados pero distintos a los que el cliente ha adquirido anteriormente. Por ejemplo, si un cliente ha comprado un teléfono móvil, el vendedor puede sugerirle accesorios como auriculares inalámbricos, una funda protectora o un cargador portátil. Estas ventas cruzadas aprovechan el conocimiento del vendedor sobre los intereses y preferencias del cliente, proporcionando opciones adicionales que pueden mejorar la experiencia del cliente y satisfacer necesidades adicionales.

La clave para el éxito en el incremento de las ventas cruzadas y adicionales radica en la capacidad del vendedor para escuchar activamente al cliente, comprender sus necesidades y preferencias, y presentar soluciones relevantes y personalizadas. Al establecer una relación duradera con el cliente, el vendedor tiene la oportunidad de seguir atendiendo sus necesidades en el tiempo, adaptándose a sus cambios y ofreciendo productos o servicios complementarios que enriquezcan su experiencia.

Un vendedor puede utilizar por ejemplo la estrategia de "upsale" en su día a día de varias maneras. Puede ofrecer complementos o accesorios que mejoren la experiencia del producto principal. También puede recomendar productos relacionados que sean de interés para el cliente. Otra opción es presentar versiones superiores del producto con características adicionales o de mayor calidad. Además, puede ofrecer paquetes o promociones especiales que incluyan varios productos o servicios a un precio más ventajoso.

Este concepto de "upsale" se refiere a la práctica de ofrecer a un cliente la compra de productos o servicios adicionales o de mayor valor durante una transacción. Se trata de persuadir al cliente para que adquiera un artículo o servicio adicional que complemente su compra inicial, aumentando así el valor total de la venta.

Un ejemplo de una marca reconocida que utiliza la estrategia de "upsale" es McDonald's. Al realizar un pedido en el mostrador, los empleados de McDonald's suelen preguntar si el cliente desea agregar papas fritas grandes o un refresco de mayor tamaño por un pequeño incremento en el precio. De esta manera, la empresa promueve una venta adicional y aumenta el valor de la transacción. Otro ejemplo es cuando ofrecen la opción de agregar ingredientes extras a las hamburguesas, como tocino o queso adicional, por un costo adicional.

El objetivo del "upsale" es aumentar el ticket promedio de venta y generar mayores ingresos al ofrecer productos o servicios que complementen la compra inicial del cliente. Para lograrlo, se busca identificar oportunidades durante el proceso de venta para ofrecer opciones adicionales que puedan ser atractivas para el cliente y mejorar su experiencia.

Es importante destacar que el "upsale" debe ser realizado de manera ética y en beneficio del cliente. Se trata de ofrecer opciones relevantes y de valor que se ajusten a las necesidades y preferencias del cliente, brindándole la oportunidad de mejorar su compra y obtener una experiencia más satisfactoria.

La relación duradera con el cliente permite al vendedor identificar oportunidades para incrementar las ventas cruzadas y adicionales. Al conocer a fondo las necesidades y preferencias del cliente, el vendedor puede ofrecer productos o servicios complementarios que satisfagan esas necesidades y enriquezcan la experiencia del cliente. Esto no solo aumenta el valor de la venta, sino que también fortalece la relación con el cliente a largo plazo.

D. Retroalimentación valiosa:

Al establecer una relación sólida con los clientes, se fomenta un ambiente abierto de comunicación y confianza, lo que permite recibir retroalimentación honesta y constructiva.

Esta retroalimentación es invaluable para mejorar productos, servicios y procesos de ventas, lo que a su vez fortalece la relación con los clientes.

El concepto de retroalimentación valiosa se refiere al beneficio que se obtiene al establecer una relación sólida con los clientes, lo cual crea un ambiente propicio para recibir retroalimentación honesta y constructiva. Esta retroalimentación es fundamental para el crecimiento y la mejora continua de un negocio, ya que brinda información clave sobre cómo se perciben los productos, servicios y procesos de ventas desde la perspectiva del cliente.

Cuando se establece una relación basada en la confianza y la apertura, los clientes se sienten cómodos al expresar sus opiniones y compartir sus experiencias. El vendedor exitoso aprovecha esta oportunidad para recibir retroalimentación valiosa que puede utilizar para realizar ajustes y mejoras en su oferta.

La retroalimentación valiosa proporciona información detallada sobre lo que está funcionando bien y lo que podría mejorarse. Los clientes pueden ofrecer sugerencias, destacar aspectos positivos y también plantear preocupaciones o áreas de mejora. Al recibir esta retroalimentación de manera abierta y receptiva, el vendedor demuestra su compromiso con la satisfacción del cliente y su disposición a adaptarse y evolucionar en función de sus necesidades.

Esta retroalimentación puede tener un impacto significativo en el desarrollo y perfeccionamiento de productos, servicios y procesos de ventas. Puede ayudar a identificar oportunidades de mejora, corregir posibles deficiencias y adaptarse a las tendencias cambiantes del mercado. Al implementar los cambios sugeridos por los clientes, el vendedor muestra una voluntad de escuchar y responder a sus necesidades, fortaleciendo así la relación y fomentando la lealtad del cliente.

Un ejemplo de la importancia de la retroalimentación valiosa es una empresa de software que desarrolla una nueva aplicación móvil. A medida que lanzan la aplicación al mercado, establecen una comunicación activa con los usuarios y solicitan su retroalimentación. Los usuarios brindan comentarios sobre la facilidad de uso, la funcionalidad y las características que les gustaría ver en futuras actualizaciones.

Basándose en esta retroalimentación valiosa, la empresa puede realizar mejoras en la aplicación, corrigiendo errores, optimizando la interfaz de usuario y agregando nuevas características que satisfagan las necesidades de los usuarios. Esta atención a la retroalimentación del cliente no solo mejora la calidad del producto, sino que también fortalece la relación entre la empresa y sus clientes, generando confianza y fidelidad a largo plazo.

Un ejemplo de una marca reconocida de vehículos que ha utilizado la retroalimentación valiosa de los clientes para mejorar sus productos y fortalecer la relación con los clientes es Tesla. Tesla es conocida por su enfoque en la innovación y la satisfacción del cliente.

Tesla ha utilizado la retroalimentación de sus clientes para realizar mejoras significativas en sus vehículos eléctricos. A través de encuestas, foros en línea y comunicación directa con los propietarios de Tesla, la compañía recopila información sobre la experiencia de conducción, las características deseadas y cualquier problema o inconveniente que puedan surgir.

Basándose en esta retroalimentación valiosa, Tesla ha realizado actualizaciones de software para corregir errores, mejorar el rendimiento y agregar nuevas características a sus vehículos. Además, han implementado mejoras en la infraestructura de carga y en la red de estaciones de carga, respondiendo a las necesidades y comentarios de sus clientes.

Este enfoque en la retroalimentación del cliente ha demostrado ser efectivo para Tesla, ya que ha permitido mejorar la calidad y el rendimiento de sus vehículos, satisfaciendo las necesidades y expectativas de sus clientes. La atención continua a la retroalimentación del cliente ha contribuido a fortalecer la relación entre Tesla y sus clientes, generando confianza y fidelidad a largo plazo.

Desde el punto de vista de un vendedor, la retroalimentación valiosa de los clientes puede ser una herramienta poderosa para mejorar las ventas y fortalecer la relación con los clientes.

Cuando un vendedor recibe retroalimentación de los clientes sobre los productos o servicios que ofrece, tiene la oportunidad de comprender mejor las necesidades y expectativas del mercado. Esta retroalimentación puede proporcionar información clave sobre las fortalezas y debilidades de los productos, así como ideas para posibles mejoras.

Al utilizar esta retroalimentación valiosa, el vendedor puede adaptar su enfoque de ventas y argumentos para destacar las características y beneficios que los clientes valoran. Por ejemplo, si un cliente menciona que le gustaría tener una característica adicional en el producto, el vendedor puede resaltar cómo el producto actual satisface otras necesidades y, al mismo tiempo, mencionar que se está trabajando en una actualización que incluirá la característica solicitada. Esto muestra al cliente que su retroalimentación es valorada y que se está trabajando en satisfacer sus necesidades a largo plazo.

Además, al demostrar que se escucha y se toma en cuenta la retroalimentación de los clientes, el vendedor puede establecer una relación de confianza y credibilidad. Los clientes se sentirán valorados y estarán más dispuestos a seguir interactuando con el vendedor, lo que puede conducir a relaciones comerciales a largo plazo.

Un ejemplo de cómo un vendedor puede utilizar la retroalimentación valiosa es en la venta de automóviles. Si un vendedor recibe comentarios frecuentes de los clientes sobre la falta de un determinado sistema de seguridad en un modelo de automóvil en particular, puede comunicar esa información al fabricante. A su vez, el fabricante puede tomar medidas para mejorar el vehículo y agregar ese sistema de seguridad en futuras versiones. El vendedor puede utilizar esta información actualizada al interactuar con los clientes, resaltando las mejoras y brindando tranquilidad a los compradores potenciales.

Desde el punto de vista de un vendedor, la retroalimentación valiosa de los clientes es una herramienta valiosa para mejorar las ventas y fortalecer las relaciones comerciales. Al escuchar y responder a la retroalimentación, el vendedor puede adaptar su enfoque de ventas, destacar las características y beneficios que los clientes valoran y establecer una relación de confianza. Esto puede conducir a una mayor satisfacción del cliente y a relaciones comerciales duraderas.

E. Ventaja competitiva:

Mantener relaciones duraderas con los clientes crea una ventaja competitiva sostenible. Los competidores pueden intentar atraer a los clientes con precios más bajos o promociones, pero la relación y la confianza construidas a lo largo del tiempo hacen que los clientes sean más resistentes a los esfuerzos de la competencia y más propensos a seguir eligiendo la marca.

La capacidad de mantener relaciones duraderas con los clientes brinda una ventaja competitiva significativa a una marca. Aunque los competidores puedan intentar atraer a los clientes mediante estrategias como precios más bajos o promociones, la relación y la confianza construidas a lo largo del tiempo hacen que los clientes sean más resistentes a los esfuerzos de la competencia y más propensos a seguir eligiendo la marca.

Un vendedor exitoso comprende que el éxito en las ventas no se trata solo de cerrar una transacción, sino de construir relaciones sólidas y duraderas con los clientes. Entiende que mantener una base de clientes leales y satisfechos es una ventaja competitiva clave en el mercado actual.

Cuando una marca logra establecer una relación sólida con sus clientes, se crea un vínculo emocional y una sensación de lealtad. Los clientes se sienten valorados y apreciados, lo que fortalece su conexión con la marca y genera una preferencia a largo plazo. A medida que la relación se desarrolla, se establece un nivel de confianza mutua, lo que hace que los clientes sean menos propensos a buscar alternativas y más inclinados a seguir confiando en la marca. establecer y mantener relaciones duraderas con los clientes ofrece múltiples beneficios.

En primer lugar, un cliente satisfecho y leal tiene más probabilidades de realizar compras repetidas y de recomendar la marca a otros, lo que genera un flujo constante de negocios. Además, al mantener una relación cercana con los clientes, el vendedor puede comprender mejor sus necesidades cambiantes y adaptar sus ofertas y recomendaciones en consecuencia.

Esta ventaja competitiva sostenible se basa en varios factores. En primer lugar, la marca comprende las necesidades y preferencias individuales de cada cliente, lo que le permite ofrecer soluciones personalizadas y satisfacer de manera efectiva sus demandas específicas. Al escuchar activamente y mantener una comunicación constante, la marca puede adaptarse a los cambios en las necesidades y expectativas del cliente, lo que fortalece aún más la relación.

Además, la marca invierte en la creación de experiencias positivas para el cliente. Esto implica proporcionar un excelente servicio al cliente, superar las expectativas y brindar un valor agregado en cada interacción. Estas experiencias positivas generan emociones positivas y fortalecen la relación con el cliente, lo que dificulta que la competencia separe a los clientes de la marca. El vendedor exitoso entiende que la construcción de relaciones duraderas se basa en la confianza y la satisfacción del cliente.

Esto implica brindar un excelente servicio al cliente, estar disponible para responder preguntas y resolver problemas, y tratar a cada cliente de manera individualizada. Al hacerlo, el vendedor establece una reputación positiva y se convierte en un asesor confiable para sus clientes.

Un ejemplo práctico de esta ventaja competitiva se puede observar en la industria de la telefonía móvil. Muchas marcas han logrado mantener relaciones duraderas con sus clientes al ofrecer programas de fidelidad, beneficios exclusivos y un excelente servicio al cliente. Aunque existen competidores con ofertas similares, los clientes siguen eligiendo la marca con la que han desarrollado una relación sólida y confiable. Incluso si hay ofertas más atractivas en el mercado, la relación y la confianza construidas a lo largo del tiempo hacen que los clientes sean menos propensos a cambiar de proveedor.

Mantener relaciones duraderas con los clientes crea una ventaja competitiva sostenible para una marca. La relación y la confianza construidas a lo largo del tiempo hacen que los clientes sean más resistentes a los esfuerzos de la competencia y más propensos a seguir eligiendo la marca. Al comprender las necesidades individuales de los clientes, ofrecer soluciones personalizadas y brindar experiencias positivas, una marca puede fortalecer su posición en el mercado y mantener una ventaja competitiva duradera.

Además, el vendedor exitoso reconoce que mantener relaciones duraderas con los clientes crea una barrera de entrada para la competencia. Aunque otros competidores puedan ofrecer precios más bajos o promociones atractivas, la relación y la confianza desarrolladas a lo largo del tiempo hacen que los clientes sean menos propensos a buscar alternativas.

El vendedor exitoso sabe que la lealtad del cliente no se basa solo en el precio, sino en la calidad del servicio y la atención personalizada que se ofrece.

La ventaja competitiva de mantener relaciones duraderas con los clientes es vital para su éxito a largo plazo. El vendedor se enfoca en brindar un servicio excepcional, comprender las necesidades individuales de cada cliente y establecer una relación basada en la confianza y la satisfacción.

Al hacerlo, el vendedor se posiciona como un socio confiable y preferido en el mercado, generando un flujo constante de negocios y dificultando que la competencia separe a los clientes de la marca.

2. Generación de confianza:

La generación de confianza es un elemento crucial en el proceso de ventas. A continuación, se detallan las tres etapas clave para generar confianza con los clientes:

A. Primer contacto:

El primer contacto con el cliente es una oportunidad crucial para establecer una buena impresión y generar confianza. En esta etapa inicial, existen varias estrategias clave que un vendedor puede emplear para lograrlo.

Una de las estrategias fundamentales es ser honesto y transparente desde el principio. Evitar exageraciones o promesas falsas es esencial para construir una relación basada en la confianza. Si hay limitaciones o características que no están disponibles en el producto o servicio ofrecido, es importante comunicarlo claramente al cliente. Esta transparencia inicial demuestra integridad y establece una base sólida para la confianza.

Además, es importante demostrar empatía hacia las necesidades del cliente y mostrar un interés genuino en su bienestar. Al escuchar activamente al cliente y comprender sus preocupaciones, el vendedor puede adaptar su enfoque y ofrecer soluciones personalizadas. Esta atención personalizada demuestra al cliente que el vendedor está comprometido con su satisfacción y genera confianza en la relación.

Cumplir con las promesas y compromisos realizados durante el primer contacto es otra estrategia clave para generar confianza. Si el vendedor acuerda proporcionar información adicional, enviar muestras o brindar un seguimiento específico, es esencial cumplir con estas promesas de manera oportuna. Esto muestra al cliente que el vendedor se toma en serio su relación y sus necesidades, y demuestra confiabilidad.

Finalmente, brindar un excelente servicio al cliente es fundamental durante el primer contacto. Esto implica responder de manera oportuna a las consultas o solicitudes del cliente, ofrecer información clara y precisa, y demostrar conocimiento y competencia en el área. Si un cliente tiene preguntas específicas sobre el producto, el vendedor debe poder responder de manera precisa y demostrar su experiencia en el tema. Este nivel de servicio al cliente transmite profesionalismo y confianza.

Durante el primer contacto con el cliente, un vendedor exitoso se enfoca en establecer una buena impresión y generar confianza. Esto se logra siendo honesto y transparente, demostrando empatía y mostrando un interés genuino en las necesidades del cliente. Además, cumplir con las promesas y compromisos, así como brindar un excelente servicio al cliente, son acciones fundamentales para establecer una relación sólida basada en la confianza desde el inicio. Estos ejemplos clave ilustran cómo un vendedor puede aplicar estas estrategias en su interacción con los clientes.

B. Desarrollo de la relación:

El vendedor debe asegurarse de cumplir con todas las promesas y compromisos realizados durante el proceso de ventas. Por ejemplo, si se acordó entregar un producto en una fecha específica, el vendedor debe asegurarse de cumplir con ese plazo y brindar una experiencia de compra sin contratiempos. Cumplir con los compromisos demuestra profesionalismo y confiabilidad, lo que ayuda a generar confianza en el cliente.

Después de que se haya realizado una venta, es importante que el vendedor brinde un seguimiento adecuado al cliente. Esto implica comunicarse para asegurarse de que el producto o servicio esté funcionando correctamente, resolver cualquier problema o inquietud que pueda surgir y asegurarse de que el cliente esté satisfecho con su compra. Un seguimiento efectivo muestra al cliente que el vendedor se preocupa por su satisfacción y está dispuesto a ayudarlo en cualquier momento.

El vendedor debe estar disponible para responder preguntas, proporcionar información adicional y mantener una comunicación abierta con el cliente. Esto implica estar atento a las consultas del cliente, responder de manera oportuna y brindar respuestas claras y honestas. Además, el vendedor debe ser transparente en sus comunicaciones, evitando exageraciones o falsas promesas. Una comunicación abierta y transparente genera confianza al demostrar que el vendedor está dispuesto a ser honesto y brindar la información necesaria.

En caso de que surjan problemas o dificultades, el vendedor debe tomar la iniciativa para resolverlos de manera rápida y efectiva. Esto implica escuchar las preocupaciones del cliente, investigar el problema y brindar soluciones adecuadas. Un vendedor exitoso no evita los problemas, sino que los aborda de frente y se esfuerza por encontrar la mejor solución posible. Al resolver los problemas de manera efectiva, se refuerza la confianza del cliente en el vendedor y en la marca.

La inconsistencia en el trato y el servicio puede erosionar rápidamente la confianza del cliente. Por lo tanto, es importante que el vendedor sea consistente en la forma en que interactúa con los clientes y en la calidad del servicio que ofrece. Esto implica brindar un trato amable y profesional a todos los clientes, independientemente de su tamaño o importancia, y garantizar que todos reciban el mismo nivel de atención y servicio de alta calidad. La consistencia en el trato y el servicio genera confianza al demostrar que el vendedor es confiable y que se puede esperar un nivel constante de atención y satisfacción.

El desarrollo de la relación con el cliente requiere acciones concretas por parte del vendedor para fortalecer la confianza. Cumplir con los compromisos acordados, proporcionar un seguimiento efectivo, mantener una relación duradera y prospera.

C. Mantenimiento de la confianza a largo plazo:

El mantenimiento de la confianza a largo plazo es esencial para construir relaciones comerciales sólidas. Veamos algunos ejemplos clave de cómo un vendedor puede aplicar estos principios:

a) **Honestidad y ética constantes**: Un vendedor exitoso se compromete a ser honesto y ético en todas sus interacciones con los clientes. Por ejemplo, si un cliente pregunta sobre las limitaciones o posibles desafíos de un producto o servicio, el vendedor no ocultará esa información. En cambio, compartirá de manera transparente tanto los beneficios como las posibles limitaciones, ayudando al cliente a tomar una decisión informada. Esta honestidad y ética constantes refuerzan la confianza del cliente en el vendedor y la marca.

b) **Escucha activa y adaptación de soluciones:** Un vendedor exitoso comprende la importancia de escuchar activamente las necesidades y preocupaciones del cliente. Esto implica prestar atención a los detalles, leer entre líneas y comprender las motivaciones subyacentes del cliente. Por ejemplo, si un cliente expresa preocupación por la seguridad de un producto, el vendedor no solo ofrecerá características de seguridad estándar, sino que también buscará soluciones adicionales para abordar las inquietudes específicas del cliente. Esta adaptación de soluciones muestra al cliente que su bienestar es una prioridad y fortalece la confianza en el vendedor.

c) **Servicio excepcional y resolución efectiva de problemas:** Un vendedor exitoso se esfuerza por brindar un servicio excepcional incluso después de que se haya realizado la venta. Esto implica estar disponible para el cliente, responder de manera oportuna a sus consultas y resolver cualquier problema que pueda surgir. Por ejemplo, si un cliente encuentra una falla en un producto después de la compra, el vendedor se comprometerá a resolver el problema de manera rápida y eficiente, ya sea mediante el reemplazo del producto o la prestación de asistencia técnica. Esta actitud de confiabilidad y resolución de problemas refuerza la confianza del cliente y demuestra el compromiso del vendedor con su satisfacción continua.

d) **Reconocimiento y rectificación de errores**: Un vendedor exitoso entiende que los errores pueden ocurrir en cualquier relación comercial. Lo que marca la diferencia es cómo se manejan esos errores. Si un vendedor comete un error, como una entrega tardía o un malentendido en la comunicación, es importante admitirlo de manera sincera y buscar una solución adecuada. Por ejemplo, si un vendedor envía un producto incorrecto, se disculpará con el cliente, ofrecerá una solución rápida y compensará cualquier inconveniente causado. Este enfoque de reconocimiento y rectificación de errores demuestra la integridad del vendedor y ayuda a mantener la confianza del cliente incluso en situaciones difíciles.

Estos ejemplos ilustran cómo un vendedor puede mantener y nutrir la confianza a lo largo del tiempo. Al ser honesto, adaptar soluciones, brindar un servicio excepcional y manejar los errores de manera efectiva, el vendedor establece una base sólida para una relación comercial duradera y exitosa basada en la confianza mutua.

En resumen, las tres etapas para generar confianza incluyen el primer contacto, el desarrollo de la relación y el mantenimiento de la confianza a largo plazo. Al ser honesto, cumplir promesas y brindar un excelente servicio en cada una de estas etapas, el vendedor puede establecer una base sólida de confianza con sus clientes, lo que resulta en relaciones comerciales duraderas y exitosas.

3. Adaptación a diferentes estilos de comunicación:

Se explorarán técnicas para identificar y adaptarse a los diferentes estilos de comunicación de los clientes, mejorando así la calidad de las interacciones.

El vendedor exitoso comprende que cada cliente tiene su propio estilo de comunicación, y adaptarse a estos estilos es fundamental para establecer una conexión efectiva y mejorar la calidad de las interacciones. Veamos algunas técnicas para identificar y adaptarse a los diferentes estilos de comunicación de sus clientes.

Durante la interacción con el cliente, es importante prestar atención tanto a las palabras que utiliza como a su lenguaje corporal y tono de voz. Al observar estas señales, el vendedor puede identificar si el cliente es directo y conciso en su comunicación, o si prefiere ser más detallado y descriptivo. Estas observaciones iniciales pueden ayudar al vendedor a adaptar su propio estilo de comunicación para que se ajuste mejor al del cliente. La escucha activa juega un papel crucial al identificar los diferentes estilos de comunicación. Al prestar atención a cómo el cliente formula sus ideas y cómo estructura sus frases, el vendedor puede captar si el cliente es más analítico y lógico, o si se basa en emociones y experiencias personales para expresarse. Al comprender el enfoque del cliente, el vendedor puede adaptar su propio enfoque de comunicación para que sea más efectivo y relevante para el cliente.

Para asegurarse de comprender correctamente el estilo de comunicación del cliente, el vendedor puede realizar preguntas y solicitar aclaraciones cuando sea necesario. Esto muestra al cliente que el vendedor está interesado en comprenderlo plenamente y está dispuesto a adaptarse a su estilo de comunicación. Además, hacer preguntas pertinentes ayuda a profundizar en la comprensión de las necesidades y deseos del cliente, lo que a su vez mejora la calidad de la interacción. Una vez que el vendedor ha identificado el estilo de comunicación del cliente, puede ajustar su propio lenguaje y estructura de comunicación en consecuencia. Por ejemplo, si el cliente es más orientado a los detalles, el vendedor puede proporcionar información más específica y técnicamente precisa.

Si el cliente prefiere un enfoque más emocional, el vendedor puede utilizar historias o ejemplos que apelen a las emociones del cliente. Adaptar el lenguaje y la estructura de la comunicación ayuda a establecer una conexión más sólida y facilita la comprensión mutua.

Al aplicar estas técnicas, el vendedor puede mejorar la calidad de las interacciones al adaptarse a los diferentes estilos de comunicación de los clientes. Al comprender y responder a las necesidades de comunicación únicas de cada cliente, el vendedor puede establecer una relación más sólida y efectiva, lo que a su vez contribuye al éxito de las ventas y la satisfacción del cliente.

4. Demostración de empatía:

Un vendedor puede demostrar empatía al ponerse en el lugar del cliente y comprender sus necesidades, deseos y preocupaciones. La empatía implica mostrar interés genuino por el cliente, escuchar activamente, mostrar comprensión y responder de manera sensible a sus emociones y circunstancias.

La construcción de relaciones sólidas está basada en la empatía, esta permite establecer una conexión más profunda y auténtica con los clientes. Al mostrar comprensión y preocupación por sus necesidades, los clientes se sienten valorados y comprendidos, lo que fortalece la relación comercial y fomenta la confianza. Ser empático implica ponerse en el lugar del cliente y comprender sus puntos de vista y circunstancias. Esto ayuda al vendedor a obtener una comprensión más completa de las necesidades y deseos del cliente, lo que a su vez permite ofrecer soluciones más personalizadas y satisfactorias.

La empatía permite al vendedor comprender las preocupaciones y frustraciones del cliente, lo que facilita la identificación de soluciones efectivas. Al abordar las preocupaciones del cliente de manera sensible y encontrar soluciones que se ajusten a sus circunstancias individuales, el vendedor puede proporcionar un servicio de calidad y generar una mayor satisfacción del cliente.

Ser empático puede ser un factor diferenciador importante en un mercado competitivo. Los clientes suelen recordar y apreciar a aquellos vendedores que han mostrado una atención genuina hacia ellos. Esto puede generar referencias positivas, repetición de negocios y una ventaja competitiva sostenible.

Para enfocarse en la importancia de ser empático con los clientes, el vendedor debe recordar constantemente que su objetivo principal es satisfacer las necesidades del cliente y proporcionar una experiencia positiva. Al practicar la empatía de manera constante, el vendedor puede desarrollar relaciones sólidas y duraderas con los clientes, generando beneficios tanto a nivel individual como para la empresa en su conjunto.

Por otro lado, acciones que no se considerarían manifestaciones de empatía en las ventas son aquellas que carecen de sensibilidad hacia el cliente. Por ejemplo, cuando un vendedor muestra indiferencia hacia las preocupaciones o necesidades del cliente, esto puede generar una sensación de falta de atención y consideración. Presionar al cliente para que realice una compra sin tener en cuenta sus objeciones o dudas también es una señal de falta de empatía, ya que no se está teniendo en cuenta la perspectiva y las preocupaciones del cliente.

Además, ignorar las emociones o frustraciones del cliente y minimizar su importancia puede hacer que el cliente se sienta incomprendido y disminuido. La empatía implica reconocer y validar las emociones del cliente, brindando apoyo y comprensión. También es importante evitar un enfoque "uno-talla-para-todo" en las ventas, ya que cada cliente es único y tiene necesidades individuales. Un vendedor empático se adapta a las necesidades y preferencias de cada cliente, ofreciendo soluciones personalizadas que se ajusten a sus requerimientos específicos.

En resumen, la empatía en las ventas implica escuchar activamente, comprender y atender las preocupaciones, necesidades y emociones de los clientes. Los vendedores empáticos establecen conexiones sólidas al demostrar sensibilidad hacia el cliente, adaptarse a sus necesidades individuales y brindar un servicio personalizado. Evitar acciones insensibles, presionar al cliente, minimizar las emociones o aplicar un enfoque generalizado son aspectos clave para demostrar empatía en el proceso de ventas y construir relaciones comerciales duraderas.

5. Mantenimiento de contacto:

El mantenimiento de contacto es una parte fundamental de su estrategia de ventas. Reconoce la importancia de mantener una comunicación continua y constante con los clientes, incluso después de haber realizado la venta inicial. Esta comunicación le permite fortalecer la relación con el cliente, generar confianza y fomentar la lealtad a largo plazo.

Desde el punto de vista del vendedor, las visitas de seguimiento en persona son una estrategia clave para mantener una relación sólida y satisfactoria con los clientes. Después de cerrar una venta, el vendedor agenda visitas de seguimiento para garantizar la satisfacción del cliente con el producto o servicio adquirido. Durante estas visitas, el vendedor se asegura de abordar cualquier pregunta o inquietud que el cliente pueda tener y brinda información adicional sobre nuevos productos o promociones relevantes.

Por ejemplo, después de vender un sistema de software a una empresa, el vendedor programa una visita de seguimiento para asegurarse de que el cliente esté utilizando el software de manera efectiva y que esté satisfecho con los resultados. Durante la visita, el vendedor se compromete en una conversación abierta con el cliente, escuchando sus comentarios y respondiendo a sus preguntas. El vendedor también aprovecha la oportunidad para presentar actualizaciones o características adicionales del software que podrían beneficiar al cliente. Al hacerlo, el vendedor refuerza los beneficios y el valor de su oferta, al mismo tiempo que muestra un compromiso personal con la satisfacción y el éxito del cliente.

Otro ejemplo podría ser un vendedor de equipos de gimnasio que realiza visitas de seguimiento a los clientes después de la instalación de los equipos. Durante estas visitas, el vendedor verifica que los equipos estén funcionando correctamente y se reúne con el cliente para discutir su experiencia de uso y cualquier problema o preocupación que puedan tener.

El vendedor también aprovecha la oportunidad para proporcionar consejos sobre cómo maximizar los beneficios del equipo y ofrece información sobre nuevos accesorios o programas de entrenamiento que podrían interesar al cliente.

Estas visitas en persona permiten al vendedor establecer una relación más cercana con el cliente y garantizar su satisfacción continua.

Las visitas de seguimiento en persona son una estrategia valiosa para fortalecer la relación con los clientes. Estas visitas brindan la oportunidad de abordar inquietudes, proporcionar información adicional y reforzar los beneficios de la oferta del vendedor. Al establecer una conexión personal y demostrar un compromiso genuino con la satisfacción del cliente, el vendedor puede cultivar relaciones duraderas y generar confianza en el cliente.

Además, utiliza el teléfono como una herramienta efectiva para mantener el contacto con sus clientes. Realiza llamadas periódicas para verificar su satisfacción, hacerles saber sobre actualizaciones o mejoras de sus productos y servicios, y ofrecerles apoyo adicional en caso de que lo necesiten. Estas llamadas telefónicas le permiten mantener una comunicación más directa y personalizada, y le brindan la oportunidad de responder a cualquier inquietud o pregunta de manera inmediata.

También aprovecha las visitas en persona para establecer un vínculo más cercano con sus clientes. Durante estas interacciones, presta especial atención a su lenguaje corporal, expresiones faciales y tono de voz para leer entre líneas y captar cualquier preocupación o necesidad no expresada de manera directa. Esto le permite adaptar sus soluciones y recomendaciones de manera personalizada, mostrando empatía y demostrando que comprende las necesidades de sus clientes de manera profunda.

Se considera el mantenimiento de contacto como una parte esencial de su estrategia de ventas. A través de visitas de seguimiento en persona, llamadas telefónicas y la capacidad de leer entre líneas durante las interacciones, puede mantener una comunicación efectiva con sus clientes, brindarles el apoyo necesario y adaptar sus soluciones a sus necesidades individuales. Estas acciones le permiten establecer relaciones comerciales sólidas y duraderas, y generar una ventaja competitiva en el mercado.

6. Gestión de quejas y problemas:

Se enseñará cómo manejar de manera efectiva las quejas y los problemas de los clientes, convirtiéndolos en oportunidades para fortalecer la relación y mejorar la satisfacción del cliente.

La gestión de quejas y problemas es una habilidad esencial para un vendedor exitoso. En lugar de ver las quejas y los problemas como obstáculos, se consideran oportunidades para fortalecer la relación con el cliente y mejorar su satisfacción. Durante el proceso de gestión de quejas y problemas, se abordan las preocupaciones del cliente de manera efectiva y se busca encontrar soluciones adecuadas para resolver la situación.

En lugar de reaccionar defensivamente o ignorar las quejas, el vendedor muestra una actitud proactiva y se compromete a resolver el problema de manera rápida y eficiente. Se toma el tiempo para comprender la situación desde la perspectiva del cliente y se le brinda un espacio seguro para expresar sus frustraciones y expectativas.

Un ejemplo de gestión de quejas y problemas es cuando un cliente se queja de un producto defectuoso que ha adquirido. El vendedor muestra comprensión hacia la frustración del cliente y se compromete a resolver el problema de manera oportuna. El vendedor ofrece disculpas por el inconveniente causado y se compromete a reemplazar el producto defectuoso de inmediato. Además, el vendedor aprovecha la oportunidad para revisar los procesos internos y mejorar la calidad del producto, asegurando que situaciones similares no vuelvan a ocurrir en el futuro.

Otro ejemplo podría ser cuando un cliente tiene un problema con el servicio postventa recibido. El vendedor escucha atentamente las inquietudes del cliente y toma medidas para investigar y resolver el problema. Se mantiene una comunicación abierta y constante con el cliente para mantenerlo informado sobre el progreso de la solución. Además, el vendedor se compromete a implementar medidas correctivas y mejoras en el proceso de servicio postventa para evitar futuros problemas similares.

La gestión de quejas y problemas es una oportunidad para fortalecer la relación con el cliente y mejorar su satisfacción. Al abordar de manera efectiva las quejas y los problemas, el vendedor demuestra su compromiso con la resolución de estos y con la mejora continua de la calidad del producto o servicio. La gestión adecuada de quejas y problemas ayuda a mantener la confianza del cliente y a construir una relación duradera basada en la satisfacción y la resolución efectiva de sus necesidades.

Un vendedor exitoso comprende la importancia de minimizar las quejas y problemas que puedan surgir durante el proceso de ventas. Para lograrlo, se puede aplicar una serie de estrategias proactivas.

En primer lugar, es fundamental ofrecer productos o servicios de alta calidad. Esto implica trabajar con proveedores confiables y llevar a cabo pruebas y controles de calidad para garantizar que los clientes estén satisfechos con lo que adquieren. Un enfoque en la calidad desde el principio reduce la probabilidad de que los clientes se enfrenten a problemas.

Además, el vendedor debe enfocarse en una comunicación clara y precisa. Es esencial proporcionar información completa y precisa sobre los productos o servicios, incluyendo características, beneficios, limitaciones y políticas de garantía. Una comunicación transparente evita malentendidos y expectativas poco realistas, lo que contribuye a la satisfacción del cliente y minimiza la posibilidad de quejas.

Un aspecto clave es identificar y abordar objeciones temprano. Durante el proceso de venta, el vendedor debe estar atento a cualquier objeción o preocupación que el cliente pueda tener. En lugar de pasar por alto estas inquietudes, el vendedor debe abordarlas de manera proactiva y proporcionar información adicional o aclaraciones necesarias. Esto ayuda a disipar las dudas del cliente y evita que se conviertan en problemas más adelante.

Es importante establecer expectativas realistas sobre lo que el producto o servicio puede ofrecer. Evitar hacer promesas exageradas o engañosas es esencial para evitar la insatisfacción del cliente a largo plazo. Al establecer expectativas realistas, se construye una relación basada en la confianza y se minimiza la posibilidad de quejas.

Un seguimiento postventa adecuado también es esencial para minimizar las quejas y problemas. Después de que se haya realizado una venta, el vendedor debe mantener contacto con el cliente para asegurarse de que esté satisfecho con su compra. Esto brinda la oportunidad de abordar cualquier problema o inquietud que pueda surgir y tomar medidas para resolverlos de manera oportuna. Al mostrar atención y preocupación por la satisfacción del cliente, se fortalece la relación y se evitan quejas.

Debe buscar oportunidades de capacitación y desarrollo profesional para mejorar sus habilidades en la resolución de problemas y el manejo de situaciones difíciles. Aprender técnicas efectivas de comunicación, manejo de conflictos y resolución de problemas puede ayudar al vendedor a anticipar y enfrentar mejor los problemas que puedan surgir durante el proceso de ventas.

Minimizar las quejas y problemas requiere un enfoque proactivo y atención constante a las necesidades y preocupaciones del cliente. Al ofrecer productos de calidad, comunicarse claramente, abordar objeciones temprano, establecer expectativas realistas, realizar un seguimiento postventa adecuado y buscar desarrollo profesional, el vendedor puede mantener una alta satisfacción del cliente y minimizar los problemas que puedan surgir.

Empresas como Amazon han logrado minimizar los problemas y quejas a través de la implementación de estrategias efectivas de atención al cliente y un enfoque centrado en la satisfacción del cliente.

Amazon se ha destacado por su atención al cliente de alta calidad. Han invertido en la creación de equipos de servicio al cliente capacitados y amigables, que están disponibles para responder preguntas, resolver problemas y brindar asistencia en todo momento. Su enfoque en la satisfacción del cliente se refleja en su lema de servicio al cliente: "Obsesionados con el cliente". Ha establecido una política de devoluciones y reembolsos muy favorable para los clientes. Esto les brinda tranquilidad al realizar compras, ya que saben que tienen la opción de devolver un producto si no están satisfechos o si hay algún problema. Esta política flexible ha ayudado a reducir las quejas y ha brindado confianza a los clientes al comprar en Amazon.

Amazon ha demostrado su capacidad para adaptarse y mejorar en función de los comentarios de los clientes. Han introducido cambios en su sitio web, procesos de envío y experiencia de compra en respuesta a las necesidades y expectativas de los clientes. Esta disposición a escuchar y actuar en base a la retroalimentación del cliente ha sido clave para minimizar problemas y quejas. Ha utilizado tecnología avanzada para mejorar la experiencia del cliente y reducir los problemas. Han implementado sistemas de seguimiento de pedidos en tiempo real, recomendaciones personalizadas y asistentes virtuales como Alexa para ayudar a los clientes en sus compras. Estas innovaciones tecnológicas han agilizado el proceso de compra y han reducido las posibilidades de errores o problemas.

Utilizando el ejemplo de Amazon, un vendedor puede lograr minimizar los problemas y quejas al priorizar la satisfacción del cliente como una máxima. Esto implica poner al cliente en el centro de atención y buscar constantemente formas de mejorar su experiencia de compra. Al ofrecer un excelente servicio al cliente, el vendedor puede garantizar que las necesidades y preocupaciones de los clientes sean atendidas de manera efectiva y oportuna. Además, implementar políticas flexibles de devoluciones y reembolsos brinda tranquilidad a los clientes, permitiéndoles resolver cualquier problema o insatisfacción de manera fácil y rápida.

Asimismo, el vendedor puede aprovechar los comentarios y reseñas de los clientes como una valiosa fuente de retroalimentación. Al escuchar atentamente a los clientes y utilizar sus opiniones para mejorar continuamente, el vendedor demuestra su compromiso con la excelencia y la satisfacción del cliente.

La tecnología también puede ser una herramienta poderosa para mejorar la experiencia del cliente. Al aprovechar la tecnología adecuada, como sistemas de gestión de clientes, chatbots o plataformas de comunicación, el vendedor puede brindar respuestas rápidas y efectivas a las consultas de los clientes, facilitando la resolución de problemas y minimizando las quejas.

Al aplicar estas estrategias, el vendedor puede cultivar una reputación sólida y generar lealtad y confianza en sus clientes. Al igual que Amazon, el vendedor se ganará la confianza de sus clientes al proporcionar un excelente servicio, adaptarse a sus necesidades, ser receptivo a sus comentarios y utilizar la tecnología de manera efectiva.

Esta reputación de confiabilidad y satisfacción del cliente será clave para minimizar los problemas y quejas, y establecer relaciones comerciales a largo plazo.

7. Generación de ventas repetidas:

La generación de ventas repetidas es de gran importancia para un vendedor por varias razones. En primer lugar, vender a clientes existentes es más rentable que adquirir nuevos clientes. Al aprovechar las relaciones sólidas ya establecidas, se puede maximizar el valor de vida del cliente y aumentar los ingresos de manera más eficiente.

Además, generar ventas repetidas implica mantener y fortalecer las relaciones con los clientes existentes. Esto ayuda a construir confianza, fidelidad y satisfacción, lo que a su vez crea una base sólida para futuras transacciones y colaboraciones. Al mantener una comunicación cercana y comprender las necesidades cambiantes de los clientes, se puede adaptar la oferta de productos o servicios para satisfacer esas necesidades específicas, lo que aumenta la probabilidad de realizar ventas repetidas.

Otro beneficio de generar ventas repetidas es el poder de las recomendaciones y referencias. Los clientes satisfechos y leales son más propensos a recomendar a otros su experiencia positiva, lo que puede generar nuevas oportunidades de negocio. Estas recomendaciones actúan como una forma de publicidad gratuita y confiable, lo que facilita la adquisición de nuevos clientes.

Además, al mantener una relación a largo plazo con los clientes, se adquiere un mayor conocimiento sobre sus necesidades, preferencias y comportamientos de compra. Esto permite adaptar las ofertas y personalizar la experiencia del cliente, lo que a su vez aumenta las posibilidades de éxito en las ventas repetidas.

La generación de ventas repetidas es una estrategia clave para los vendedores, ya que les permite aprovechar las relaciones sólidas existentes, maximizar los ingresos, fortalecer la fidelidad del cliente y obtener referencias valiosas. Al centrarse en mantener y cultivar estas relaciones a largo plazo, los vendedores pueden construir un negocio sólido y sostenible.

Un aspecto importante al tener en cuenta es mantén contacto periódico con tus clientes para mantener una relación activa y recordarles tu presencia. El vendedor de brindar un servicio excepcional en cada interacción con tus clientes para generar confianza y satisfacción. Es importante personalizar las ofertas: Utiliza la información que tienes sobre tus clientes para adaptar tus ofertas y recomendaciones según sus necesidades y preferencias individuales.

Debe mantener a sus clientes informados sobre nuevos productos, servicios o mejoras que puedan ser de su interés. Realizando seguimiento de compras anteriores, debe utilizar sistemas de seguimiento para recordar las compras anteriores de sus clientes y ofrecer productos complementarios o actualizaciones relevantes. Asegurando de que sus clientes estén satisfechos con sus compras ofreciendo soporte postventa y solucionando cualquier problema que puedan tener.

Una táctica que genera ventas repetidas es la de organizar eventos exclusivos, invitar a sus clientes a eventos especiales, como lanzamientos de productos o cenas de agradecimiento, para fortalecer la relación y generar oportunidades de ventas adicionales. Compartir contenido relevante y útil, como consejos, guías o artículos informativos, ayuden a sus clientes a obtener más beneficios de tus productos o servicios.

Mantén la promesa de entrega es otro punto clave. Cuando se cumple siempre con sus compromisos y plazos de entrega, generara confianza y seguridad en sus clientes.

El vendedor exitoso reconoce y celebra ocasiones especiales para sus clientes, como su cumpleaños o aniversario de relación comercial, para mantener un vínculo emocional y generar nuevas oportunidades de ventas.

Recuerda que estas tácticas deben adaptarse a tu industria y tipo de negocio, pero en general, se centran en mantener una relación activa y personalizada con tus clientes, brindar un excelente servicio y buscar formas de agregar valor continuamente.

Sandra, una vendedora experimentada de colchones para cama, era conocida por su habilidad para establecer relaciones duraderas y significativas con sus clientes. Un ejemplo notable de su éxito en este aspecto fue su relación con un cliente llamado Carlos.

Carlos era un cliente recurrente de Sandra. Había comprado varios colchones de ella a lo largo de los años y siempre estaba satisfecho con la calidad y el servicio que recibía. Sin embargo, en una ocasión, Carlos se encontró en una situación desafiante. Había sufrido un accidente que le dejó con una condición médica que requería un colchón especializado para mejorar su comodidad y recuperación.

Sandra, consciente de la situación de Carlos y su lealtad como cliente, decidió tomar un enfoque personalizado para ayudarlo. En lugar de simplemente ofrecerle un colchón estándar, decidió investigar y aprender más sobre las opciones disponibles para satisfacer las necesidades específicas de Carlos.

Después de consultar con expertos y proveedores, Sandra encontró un colchón especializado que estaba diseñado para brindar el apoyo y la comodidad necesarios para la condición médica de Carlos. Ella se reunió con él y le explicó detalladamente las características y beneficios del colchón, asegurándose de que Carlos comprendiera cómo podría ayudarle en su proceso de recuperación.

Sin embargo, el colchón especializado tenía un precio más elevado en comparación con los colchones convencionales. Carlos expresó su preocupación por el costo y sus limitaciones financieras.

Sandra reconoció la inquietud de Carlos y trabajó en colaboración con él para encontrar una solución. Negociaron un plan de pago a plazos que se ajustaba a las posibilidades financieras de Carlos, permitiéndole adquirir el colchón sin generar una carga financiera excesiva.

A lo largo del proceso, Sandra mantuvo una comunicación constante con Carlos. Le brindó actualizaciones sobre el progreso de su pedido, respondió a sus preguntas y le proporcionó consejos adicionales para el cuidado y mantenimiento del colchón.

La relación entre Sandra y Carlos se fortaleció aún más a medida que trabajaban juntos para superar los desafíos y satisfacer las necesidades específicas de Carlos. Sandra no solo vendió un colchón, sino que también se convirtió en una asesora de confianza para Carlos, brindándole un servicio personalizado y soluciones adaptadas a su situación.

En los años siguientes, Sandra continuó brindando soporte y seguimiento a Carlos. Se mantuvo al tanto de su condición de salud y le ofreció asistencia adicional cuando fuera necesario. Además, Sandra aprovechó la oportunidad para presentarle a Carlos nuevos productos y accesorios relacionados con el cuidado del colchón y la mejora de su calidad de vida.

La relación entre Sandra y Carlos demostró que una vendedora enfocada en establecer relaciones duraderas puede convertir una necesidad específica en una oportunidad para brindar un servicio excepcional y personalizado. A través de su dedicación, empatía y atención continua, Sandra logró no solo la satisfacción de Carlos, sino también su lealtad y confianza como cliente a largo plazo.

Capítulo 4:

Las objeciones son las preocupaciones, dudas o resistencias que plantean los clientes durante el proceso de venta. Estas objeciones pueden surgir debido a diversas razones, como la falta de información, el precio, la competencia, la incertidumbre o las necesidades no satisfechas. Las objeciones son una parte natural del proceso de ventas y pueden ser consideradas como barreras que deben superarse para lograr la venta.

La falta de información por parte del cliente puede representar un desafío en el proceso de venta. Cuando un cliente no tiene acceso a suficiente información sobre un producto o servicio, es natural que surjan dudas y preocupaciones. La incertidumbre puede generar resistencia a realizar la compra, ya que el cliente no se siente seguro de los beneficios que puede obtener o si el producto o servicio satisfará sus necesidades.

En la actualidad, vivimos en un entorno digital saturado de información, donde los consumidores están constantemente expuestos a una gran cantidad de anuncios, mensajes promocionales y contenido en línea. Esta sobrecarga de información puede resultar abrumadora para muchos clientes y dificultar su capacidad para encontrar la información relevante y precisa sobre un producto o servicio en particular.

La proliferación de canales de comunicación, como las redes sociales, los sitios web y los correos electrónicos, ha ampliado la cantidad de información a la que los consumidores están expuestos diariamente.

Cada vez que navegan por Internet, revisan sus redes sociales o abren su bandeja de entrada de correo electrónico, se encuentran con numerosos mensajes publicitarios y promocionales que intentan captar su atención.

Esta constante avalancha de información puede llevar a una sensación de confusión y dificultad para distinguir entre lo que es relevante y lo que no lo es. Los clientes pueden sentirse abrumados por la cantidad de opciones disponibles y pueden tener dificultades para encontrar la información precisa y confiable que están buscando.

La brevedad de los mensajes publicitarios y promocionales en línea puede limitar la cantidad de detalles y contexto que se puede proporcionar. En un espacio limitado, es difícil transmitir toda la información necesaria para que los clientes tomen una decisión informada sobre un producto o servicio.

Como resultado, algunos clientes pueden encontrarse desorientados y confundidos sobre las características, beneficios y valor de un producto o servicio en particular. Esta falta de información puede generar dudas y resistencia a realizar una compra, ya que los clientes pueden sentirse inseguros o desconfiados debido a la falta de claridad y comprensión.

Internet y las redes sociales han democratizado la generación y la difusión de información. Cualquier persona puede crear y compartir contenido en línea, lo que significa que existe una amplia gama de fuentes y opiniones disponibles. Sin embargo, esta democratización también puede llevar a la proliferación de información falsa, inexacta o sesgada.

Al establecer una relación de confianza con el cliente, el vendedor puede posicionarse como un recurso confiable y accesible para responder cualquier pregunta adicional y proporcionar orientación personalizada. Esto implica escuchar activamente las necesidades y preocupaciones del cliente y adaptar la información proporcionada para abordar sus inquietudes específicas.

La sobrecarga de información en la era digital puede dificultar que los clientes encuentren la información relevante y precisa sobre un producto o servicio. Como vendedor, es importante reconocer esta situación y proporcionar una comunicación clara, concisa y personalizada que destaque los beneficios y el valor del producto o servicio, estableciendo una relación de confianza y ofreciendo orientación adicional según las necesidades individuales del cliente.

No toda la información disponible es confiable o precisa. Los clientes se enfrentan al desafío de filtrar y discernir entre la información útil y la que no lo es. Esta dificultad para filtrar la información puede generar una falta de confianza en la validez y la precisión de lo que encuentran, lo que a su vez puede resultar en una falta de conocimiento sólido sobre un producto o servicio en particular.

Para los clientes, puede ser un desafío identificar qué información es confiable y cuál no lo es. Pueden encontrarse con opiniones contradictorias, datos no verificados o incluso información engañosa.

Esto puede generar dudas y escepticismo en relación con la información que encuentran, especialmente cuando se trata de productos o servicios que son importantes o costosos.

Como vendedor, es esencial reconocer esta sobrecarga de información y abordarla de manera proactiva. Es importante ofrecer una comunicación clara y concisa que destaque los aspectos más relevantes y valiosos del producto o servicio.

Proporcionar ejemplos prácticos, testimonios de clientes satisfechos y explicaciones claras sobre cómo el producto o servicio aborda las necesidades y deseos del cliente puede ayudar a superar la confusión y proporcionar la información necesaria para tomar una decisión informada. Es fundamental reconocer esta dificultad y abordarla de manera proactiva. Es importante proporcionar información confiable, verificable y respaldada por pruebas. Esto puede incluir citar fuentes confiables, compartir estudios o investigaciones relevantes, y proporcionar testimonios de clientes satisfechos.

Otra razón para las objeciones puede ser la falta de tiempo, es una realidad para muchos clientes en la sociedad actual. Aunque la información está ampliamente disponible, las personas pueden estar ocupadas con diversas responsabilidades y compromisos que limitan su capacidad para investigar a fondo un producto o servicio. Esto puede dificultar su acceso a información completa y detallada sobre lo que están considerando comprar.

Imaginemos a un cliente que trabaja largas horas y tiene una familia que atender. Su tiempo libre es limitado y debe priorizar sus actividades. Cuando se encuentra en la necesidad de adquirir un producto o contratar un servicio, puede que no disponga del tiempo necesario para investigar a fondo todas las opciones disponibles.

Como resultado, es posible que tome decisiones basadas en información superficial o recomendaciones rápidas sin analizar a fondo las características, ventajas y desventajas de cada opción.

Otro ejemplo práctico es un cliente que está planificando unas vacaciones y busca un hotel. Sin embargo, su tiempo está ocupado con el trabajo y otros asuntos personales, lo que le dificulta dedicar horas a investigar los diferentes hoteles, leer reseñas, comparar precios y buscar recomendaciones.

En lugar de eso, es posible que tome una decisión rápida basada en la información limitada que encuentra en anuncios publicitarios o en las primeras opciones que aparecen en los resultados de búsqueda.

En ambos casos, la falta de tiempo limita la capacidad del cliente para obtener una visión completa y detallada de las opciones disponibles. Esto puede resultar en decisiones apresuradas o incompletas, lo que a su vez puede aumentar la probabilidad de insatisfacción o arrepentimiento posteriormente.

Como vendedor, es importante tener en cuenta esta falta de tiempo y adaptarse a las necesidades del cliente. Se pueden implementar diversas estrategias para facilitarles la obtención de información relevante y tomar decisiones informadas, como:

a. **Sintetizar la información clave**: Presentar de manera clara y concisa los puntos más relevantes sobre el producto o servicio, resaltando sus beneficios principales y cómo puede satisfacer las necesidades del cliente. Proporcionar información que sea fácilmente digerible y comprensible en un breve período de tiempo.

b. **Ofrecer comparaciones directas:** Presentar comparaciones claras entre diferentes opciones o competidores, resaltando las diferencias clave en términos de características, precios y beneficios. Esto permite al cliente tomar decisiones más rápidas y eficientes al tener una visión clara de las opciones disponibles.

c. **Proporcionar testimonios y reseñas confiables:** Incluir testimonios de clientes satisfechos y reseñas verificadas para ayudar al cliente a obtener una perspectiva de otras personas que ya han experimentado el producto o servicio. Esto le permite obtener una idea rápida de las experiencias de otros y reducir el tiempo necesario para buscar información adicional.

d. **Ofrecer asesoramiento personalizado:** Ser proactivo al brindar recomendaciones basadas en las necesidades y preferencias del cliente. Escuchar atentamente sus requerimientos y ofrecer soluciones que se ajusten a sus circunstancias particulares, lo que les ahorra tiempo en la búsqueda de opciones por sí mismos.

La falta de tiempo puede dificultar que los clientes dediquen tiempo suficiente a investigar a fondo un producto o servicio. Como vendedor, se pueden implementar estrategias para facilitarles la obtención de información

El precio y la competencia son factores comunes que pueden generar objeciones por parte de los clientes durante el proceso de venta. Estos elementos pueden influir en la percepción del valor y en la toma de decisiones de compra.

El precio es uno de los factores más evidentes que puede generar objeciones. Los clientes pueden considerar que el precio de un producto o servicio es demasiado alto en relación con su percepción de su valor o en comparación con otras alternativas disponibles en el mercado. Pueden objetar que el precio es inaccesible para su presupuesto o que no están dispuestos a pagar esa cantidad por el producto o servicio en cuestión.

Por otro lado, la existencia de competidores en el mercado puede generar objeciones por parte de los clientes. Pueden objetar que existen alternativas más económicas o de mayor calidad en el mercado ofrecidas por competidores directos. Si los clientes perciben que hay opciones más atractivas o competitivas, es posible que se muestren renuentes a adquirir el producto o servicio ofrecido por el vendedor.

Enfrentar objeciones relacionadas con el precio y la competencia requiere de habilidades y estrategias específicas por parte del vendedor. Algunas técnicas para superar estas objeciones podrían ser:

a) **Destacar el valor**: Explicar y demostrar claramente el valor agregado que ofrece el producto o servicio en relación con su precio. Resaltar los beneficios y características únicas que lo diferencian de la competencia, y cómo estos justifican el precio.

b) **Comparaciones de costos y beneficios:** Comparar el precio del producto o servicio con los beneficios y ventajas que proporciona a largo plazo. Mostrar cómo la inversión inicial se traduce en ahorro de tiempo, eficiencia, calidad o satisfacción a largo plazo.

c) **Ofrecer opciones y personalización:** Proporcionar diferentes opciones de precios o paquetes que se adapten a las necesidades y presupuesto del cliente. Esto permite que el cliente encuentre una opción que se ajuste a su capacidad económica y que aun así cumpla con sus requerimientos.

d) **Resaltar ventajas competitivas:** Destacar las características y ventajas únicas del producto o servicio en comparación con los competidores directos. Mostrar cómo se diferencia y por qué vale la pena pagar un precio ligeramente más alto por esa diferencia.

e) **Ofrecer garantías y políticas de devolución**: Brindar garantías de satisfacción, reembolsos o políticas de devolución flexibles. Esto proporciona tranquilidad al cliente, ya que saben que tienen la posibilidad de cambiar de opinión o recibir un reembolso si no están satisfechos con su compra.

Es importante recordar que cada cliente es único y puede tener diferentes objeciones. El vendedor exitoso debe escuchar atentamente las preocupaciones del cliente, comprender sus necesidades y adaptar sus estrategias de respuesta en función de cada situación particular.

La incertidumbre y las necesidades no satisfechas son dos factores comunes que pueden dar lugar a objeciones por parte de los clientes. Cuando un cliente se siente incierto o tiene necesidades no cubiertas, es más probable que exprese objeciones o dudas antes de tomar una decisión de compra.

La incertidumbre puede surgir cuando el cliente no tiene información suficiente sobre el producto o servicio que está considerando. Puede tener preguntas sobre su funcionamiento, características o beneficios específicos. Además, la falta de confianza en la marca o en la reputación del vendedor también puede generar incertidumbre en el cliente. Por ejemplo, en el segmento de las telecomunicaciones, un cliente puede tener objeciones debido a la falta de claridad sobre la cobertura de red, la calidad del servicio o los costos adicionales asociados.

Las necesidades no satisfechas también pueden generar objeciones. Si el cliente siente que sus necesidades no están siendo abordadas o que el producto o servicio no cumple con sus expectativas, es probable que exprese objeciones. Por ejemplo, en el ámbito de las telecomunicaciones, un cliente puede tener la necesidad de una mayor velocidad de internet o una mejor calidad de la señal telefónica. Si una marca reconocida en este sector no satisface estas necesidades de manera efectiva, es probable que el cliente presente objeciones y busque alternativas.

En el caso de AT&T, una reconocida marca de telecomunicaciones, la incertidumbre puede haber surgido en relación con aspectos como la cobertura de red, la calidad del servicio o los costos asociados. Sin embargo, AT&T pudo proporcionar información clara y transparente sobre la cobertura de red, destacando la amplitud y confiabilidad de su red en diferentes ubicaciones. Además, realizaron inversiones en infraestructura y tecnología para mejorar la calidad del servicio y brindar una experiencia fluida y confiable a los clientes. En cuanto a los costos, AT&T pudo ofrecer opciones flexibles de planes y promociones que se ajustaban a las necesidades y presupuesto de los clientes, brindando transparencia en los precios y evitando costos ocultos.

Al abordar estas objeciones, AT&T pudo generar confianza en sus clientes y demostrar su compromiso con la satisfacción del cliente. Al proporcionar soluciones a las necesidades y preocupaciones de los clientes, AT&T pudo fortalecer su posición en el mercado y generar ventas repetidas. Su enfoque en mejorar la experiencia del cliente y brindar un servicio de calidad les permitió superar las objeciones iniciales y establecer relaciones sólidas con sus clientes.

La comunicación precisa y la interacción efectiva del vendedor son elementos clave para convertir las objeciones en oportunidades. A través de una comunicación clara y transparente, el vendedor puede abordar las objeciones relacionadas con la falta de información, proporcionando detalles relevantes y respondiendo a las preguntas del cliente de manera precisa y completa.

El vendedor debe resaltar el valor y los beneficios del producto o servicio, mostrando cómo su precio se justifica en relación con la calidad y los resultados que ofrece. Además, puede ofrecer opciones flexibles de precios y promociones para adaptarse a las necesidades y presupuesto del cliente.

En cuanto a la competencia, el vendedor debe destacar las ventajas y diferencias clave de su producto o servicio en comparación con los competidores, mostrando cómo puede satisfacer mejor las necesidades del cliente. Puede proporcionar comparaciones objetivas y evidencia concreta para respaldar su argumento.

Para abordar la incertidumbre, el vendedor puede ofrecer garantías, testimonios de clientes satisfechos y ejemplos de casos de éxito. También puede proporcionar información adicional, como especificaciones técnicas, pruebas o certificaciones, para respaldar la confiabilidad y calidad del producto o servicio.

Cuando se trata de necesidades no satisfechas, el vendedor debe utilizar la escucha activa para comprender las necesidades del cliente y adaptar su enfoque en consecuencia. Puede ofrecer soluciones personalizadas y resaltar cómo su producto o servicio puede satisfacer esas necesidades específicas de manera efectiva.

A través de una comunicación precisa y una interacción efectiva, el vendedor puede convertir las objeciones en oportunidades al proporcionar información precisa, resaltar el valor y los beneficios, superar las preocupaciones de la competencia, abordar la incertidumbre y ofrecer soluciones adaptadas a las necesidades del cliente. Esto fortalece la confianza, establece una relación sólida y aumenta las posibilidades de cerrar la venta.

El rechazo a las ventas se define como la negativa o resistencia por parte del cliente a adquirir un producto o servicio ofrecido por el vendedor. Es importante destacar que el rechazo es una parte natural del proceso de ventas y puede tener diversas causas.

Un ejemplo real de rechazo a las ventas puede ser cuando un cliente visita una tienda de electrónica y el vendedor le presenta un televisor de última generación con todas sus características y beneficios. Sin embargo, el cliente se muestra indeciso y finalmente decide no realizar la compra. En este caso, el rechazo puede deberse a diferentes motivos, como el cliente no considera el producto necesario en ese momento, el precio es más alto de lo esperado, o el cliente tiene preferencia por otra marca o modelo.

Otro ejemplo puede ser cuando un vendedor intenta vender un servicio de consultoría a una empresa, pero el cliente expresa que ya cuenta con un proveedor de servicios similar y está satisfecho con su desempeño. En este caso, el rechazo se debe a que el cliente no ve la necesidad de cambiar de proveedor o considera que su proveedor actual cumple con sus expectativas. El rechazo puede ser resultado de objeciones no resueltas, falta de interés, incompatibilidad con las necesidades del cliente o factores externos.

El manejo del rechazo es una habilidad fundamental para un vendedor exitoso. Aquí están cinco pasos que un vendedor puede seguir para manejar el rechazo de manera efectiva:

El primer paso para manejar el rechazo en las ventas es no tomarlo de manera personal. Es fundamental comprender que el rechazo no está dirigido hacia ti como persona, sino hacia la oferta de producto o servicio que estás presentando. Al mantener esta perspectiva, evitas que el rechazo afecte emocionalmente y socave tu confianza en ti mismo como vendedor.

Cuando recibes un "no" como respuesta, es importante no dejarte llevar por la frustración o la desmotivación. En lugar de eso, debes mantener una actitud positiva y profesional. Reconoce que el rechazo es una parte inevitable del proceso de ventas y que cada "no" te acerca más a un "sí". Mantén tu enfoque en los objetivos a largo plazo y no permitas que un rechazo individual afecte tu rendimiento general.

Una forma efectiva de no tomarlo de manera personal es separar tu identidad personal de tu papel como vendedor. Recuerda que estás ofreciendo un producto o servicio y que el rechazo no implica un juicio sobre tu valía como persona. Además, ten presente que cada cliente tiene sus propias necesidades, circunstancias y preferencias, y es posible que el rechazo simplemente refleje una falta de alineación entre lo que ofreces y lo que el cliente busca en ese momento.

Al mantener una actitud positiva y profesional, podrás manejar el rechazo de manera más efectiva y seguir adelante con confianza. Utiliza el rechazo como una oportunidad para aprender y mejorar tus habilidades de ventas, y recuerda que cada interacción es una nueva oportunidad para tener éxito.

El segundo paso crucial para manejar el rechazo de manera efectiva es escuchar y comprender las preocupaciones y objeciones del cliente. Esto implica prestar atención activa a lo que el cliente está expresando, tanto verbal como no verbalmente. Al escuchar atentamente, podrás captar las preocupaciones subyacentes del cliente y comprender los motivos detrás de su rechazo.

Es importante demostrar empatía hacia el cliente y tratar de ponerse en su lugar. Esto implica comprender su perspectiva, necesidades y expectativas. Al hacerlo, estarás mejor equipado para abordar sus inquietudes de manera efectiva y ofrecer soluciones relevantes.

Durante este proceso, es importante evitar interrumpir al cliente o defender tu posición de manera automática. En lugar de eso, haz preguntas abiertas para obtener más información y profundizar en su punto de vista. Esto te ayudará a demostrar un genuino interés por sus preocupaciones y a construir una conexión más sólida con el cliente.

Además, al comprender las preocupaciones y objeciones del cliente, podrás ajustar tu enfoque de ventas y personalizar tu oferta para abordar sus necesidades específicas. Esto aumentará la probabilidad de superar las objeciones y llegar a un acuerdo mutuamente beneficioso.

Al escuchar atentamente y comprender las preocupaciones y objeciones del cliente, estarás en una posición sólida para abordar sus inquietudes de manera efectiva y ofrecer soluciones que satisfagan sus necesidades. Esto fortalecerá la relación con el cliente y aumentará las posibilidades de cerrar una venta exitosa.

El tercer paso es ser empático. Cuando un cliente expresa algunas preocupaciones y objeciones, es importante responder con empatía. Esto implica mostrar comprensión hacia sus puntos de vista y demostrar que te importa su perspectiva. Puedes utilizar frases como "Entiendo tus inquietudes" o "Puedo ver por qué te preocupa eso" para validar sus sentimientos.

Una vez que hayas demostrado empatía, es el momento de buscar soluciones que puedan satisfacer las necesidades del cliente. Esto implica escuchar atentamente sus preocupaciones y trabajar en conjunto para encontrar alternativas viables. Puedes presentar diferentes opciones o enfoques que aborden sus inquietudes y resuelvan los problemas que están experimentando.

Es importante adaptar tu enfoque durante esta etapa y ser flexible en la búsqueda de soluciones. Puedes hacer preguntas adicionales para comprender mejor las necesidades específicas del cliente y ofrecer beneficios adicionales que puedan ayudar a superar sus objeciones. Por ejemplo, puedes destacar características únicas de tu producto o servicio que resuelvan directamente sus preocupaciones y ofrecer descuentos especiales para incentivar su decisión.

La clave es ofrecer soluciones personalizadas y demostrar al cliente que te importa su satisfacción. Al hacerlo, estás construyendo una relación de confianza y mostrando tu compromiso de brindarles una experiencia positiva. Recuerda que cada objeción es una oportunidad para encontrar una solución que beneficie tanto al cliente como a ti como vendedor.

Responder con empatía y soluciones implica mostrar comprensión hacia las preocupaciones del cliente y buscar activamente formas de satisfacer sus necesidades. Al presentar alternativas, adaptar tu enfoque y ofrecer beneficios adicionales, puedes superar sus objeciones y fortalecer la relación con el cliente.

El cuarto paso, "Reforzar el valor", es crucial para manejar el rechazo y convertirlo en una oportunidad de venta. Aquí se trata de comunicar de manera clara y persuasiva el valor y los beneficios del producto o servicio que estás ofreciendo. La idea principal es resaltar cómo tu oferta puede resolver los problemas específicos o satisfacer las necesidades del cliente de una manera superior a la competencia.

Para reforzar el valor, es importante utilizar técnicas de comunicación efectiva. Algunas estrategias que puedes emplear incluyen:

a. **Identificar los puntos clave:** Determina los aspectos más relevantes y atractivos de tu producto o servicio que sean pertinentes para las necesidades y preocupaciones del cliente. Estos puntos pueden incluir características especiales, funcionalidades únicas, resultados probados, testimonios de clientes satisfechos, premios o reconocimientos obtenidos, entre otros.

b. **Personalización**: Adaptar tu mensaje y ejemplos a la situación y necesidades específicas del cliente. Demuestra cómo tu oferta se ajusta perfectamente a sus circunstancias y cómo puede hacer una diferencia real en su vida o negocio.

c. **Demostraciones prácticas**: Si es posible, ofrece demostraciones prácticas o ejemplos concretos para ilustrar cómo tu producto o servicio aborda los desafíos del cliente. Esto puede ayudar a visualizar el valor y los beneficios en acción.

d. **Comparación con la competencia**: Destaca las ventajas competitivas y las diferencias clave entre tu oferta y las de la competencia. Puedes resaltar aspectos como calidad superior, precio más competitivo, soporte técnico especializado, tiempos de entrega más rápidos, etc.

e. **Responder a objeciones**: Anticipa y aborda posibles objeciones que el cliente pueda tener. Prepara respuestas claras y convincentes para contrarrestar cualquier duda o inquietud. Esto demuestra tu conocimiento del producto y tu disposición a resolver cualquier problema que pueda surgir.

Recuerda que reforzar el valor no se trata solo de hablar de las características del producto, sino de mostrar cómo esas características se traducen en beneficios tangibles y en la solución a los problemas específicos del cliente.

Al comunicar claramente el valor y los beneficios de tu oferta, puedes influir en la toma de decisiones del cliente y superar las objeciones que pudieron haber surgido inicialmente.

El quinto paso, **"Seguir Adelante"**, es fundamental para el éxito del vendedor. Es importante comprender que el rechazo es parte del proceso de ventas y que no todos los clientes estarán dispuestos a comprar en un determinado momento. Aprender de la experiencia y continuar avanzando son aspectos clave en este paso.

Es importante tomar el rechazo como una oportunidad de aprendizaje. En lugar de sentirte desanimado, reflexiona sobre la interacción con el cliente y busca posibles áreas de mejora. Analiza cómo podrías abordar mejor las objeciones en el futuro y cómo mejorar tu enfoque de ventas en general.

Mantener una mentalidad positiva es esencial en el manejo del rechazo. Aunque pueda resultar desalentador, recuerda que cada rechazo te acerca más a una venta exitosa. Visualiza el éxito y mantén la confianza en tus habilidades y en el valor de tu producto o servicio. Una actitud optimista te ayudará a superar los obstáculos y mantener el impulso.

Buscar nuevas oportunidades es otro aspecto importante. En lugar de quedarte atrapado en un rechazo individual, dirige tu energía hacia la búsqueda de nuevas oportunidades. Explora diferentes segmentos de mercado, busca clientes potenciales en diferentes industrias o utiliza diferentes enfoques de ventas. Amplía tu red de contactos y mantente abierto a nuevas posibilidades.

La persistencia y la perseverancia son cualidades indispensables en el manejo del rechazo. No te rindas fácilmente ante un rechazo. Sigue esforzándote y mejorando tus habilidades. Recuerda que cada interacción es una oportunidad para aprender y crecer como vendedor. Mantén la determinación y la disciplina para alcanzar tus metas.

Si encuentras patrones recurrentes de rechazo, considera adaptar tu enfoque de ventas. Analiza cómo podrías mejorar tu presentación, tu estrategia de comunicación o incluso tu producto o servicio. Ajusta tu enfoque según los comentarios y las experiencias pasadas. La capacidad de adaptación te ayudará a superar obstáculos y a encontrar nuevas formas de abordar a los clientes.

El paso de **"Seguir Adelante"** implica aprender de la experiencia, mantener una mentalidad positiva, buscar nuevas oportunidades, persistir y adaptarte según sea necesario. Al hacerlo, un vendedor puede convertir el rechazo en una oportunidad para crecer, mejorar y alcanzar el éxito en las ventas.

Al seguir estos pasos, un vendedor puede manejar el rechazo de manera constructiva y convertirlo en una oportunidad para aprender, mejorar su enfoque de ventas y fortalecer su habilidad para cerrar futuras ventas.

Ambas situaciones, las objeciones y el rechazo, son desafíos que los vendedores enfrentan en su trabajo. Sin embargo, un vendedor exitoso sabe que estas situaciones no son necesariamente finales y pueden convertirse en oportunidades para persuadir al cliente, demostrar el valor del producto o servicio, resolver inquietudes y finalmente cerrar la venta.

Cuando los grandes vendedores se encuentran con objeciones por parte de los clientes, adoptan una mentalidad positiva y ven estas objeciones como oportunidades en lugar de obstáculos.

En lugar de verlas como una barrera para cerrar la venta, entienden que las objeciones son una invitación para profundizar en las necesidades y preocupaciones del cliente.

Para cambiar la perspectiva, el vendedor debe centrarse en brindar más información y demostrar el valor de su producto o servicio. Ven la objeción como una oportunidad para educar al cliente y proporcionarles información adicional que les ayude a tomar una decisión informada. En lugar de simplemente intentar superar la objeción, los grandes vendedores ven esto como una oportunidad para involucrar al cliente en una conversación significativa. Escuchan atentamente las preocupaciones del cliente y se esfuerzan por comprender la raíz de la objeción.

Aprovechan esta oportunidad para resaltar los beneficios y características únicas de su producto o servicio, y cómo estos pueden satisfacer las necesidades específicas del cliente. Utilizan ejemplos concretos y casos de éxito para respaldar sus argumentos y demostrar el valor real que su oferta puede aportar al cliente.

Al cambiar la perspectiva y ver las objeciones como oportunidades, los grandes vendedores pueden construir una relación más sólida con el cliente. El cliente se siente escuchado y valorado, y aprecia el esfuerzo del vendedor para abordar sus preocupaciones. Esto puede llevar a una mayor confianza y disposición por parte del cliente para considerar la oferta y finalmente realizar la compra.

Cambiar la perspectiva es una estrategia clave utilizada por los grandes vendedores para convertir las objeciones en oportunidades. Ven estas objeciones como una invitación para profundizar en las necesidades y preocupaciones del cliente, y utilizan esta oportunidad para brindar más información, demostrar el valor de su producto o servicio y construir una relación sólida con el cliente.

El vendedor debe utilizar preguntas abiertas como una herramienta poderosa para comprender a fondo la objeción y descubrir los verdaderos motivos detrás de ella. Las preguntas abiertas son aquellas que no se pueden responder con un simple "sí" o "no", sino que requieren una respuesta más detallada del cliente.

Al hacer preguntas abiertas, el vendedor demuestra un interés genuino en comprender las preocupaciones y necesidades del cliente. Estas preguntas invitan al cliente a compartir más información, proporcionando al vendedor una visión más clara de lo que está impulsando la objeción.

Algunos ejemplos de preguntas abiertas que los vendedores pueden utilizar incluyen:

- "¿Podría explicarme más sobre su preocupación acerca de [objeción]?"
- "¿Qué es lo más importante para usted al considerar [producto/servicio]?"
- "¿Qué le gustaría lograr al resolver esta objeción?"
- "¿Cuáles son sus expectativas en términos de [aspecto relacionado con la objeción]?"

Estas preguntas abiertas no solo permiten al vendedor obtener información adicional sobre la objeción, sino que también ayudan a establecer una comunicación más abierta y colaborativa con el cliente. A medida que el cliente comparte más detalles, el vendedor puede identificar las preocupaciones subyacentes y descubrir oportunidades para resolverlas de manera efectiva.

Es importante destacar que el vendedor debe escuchar atentamente las respuestas del cliente y evitar interrumpir o juzgar. La idea es comprender plenamente la objeción y crear un espacio para una conversación más profunda y significativa.

Al utilizar preguntas abiertas de manera efectiva, los vendedores pueden descubrir los verdaderos motivos detrás de la objeción y abordarlos de manera más precisa y personalizada. Esto les permite convertir la objeción en una oportunidad para demostrar el valor de su producto o servicio y encontrar soluciones que satisfagan las necesidades del cliente.

Cuando convencer al cliente de forma directa puede no ser efectivo, el vendedor se centra en demostrar el valor de su oferta de manera tangible y convincente. Utilizan diversas estrategias para respaldar sus argumentos y superar las dudas o preocupaciones del cliente:

a. **Ejemplos concretos:** Los vendedores exitosos utilizan ejemplos específicos para ilustrar cómo su producto o servicio ha ayudado a otros clientes en situaciones similares. Pueden contar historias de éxito o describir situaciones reales en las que su oferta ha resuelto problemas y generados resultados positivos. Estos ejemplos concretos ayudan al cliente a visualizar cómo su producto o servicio puede beneficiarlo.

b. **Estudios de casos:** Los estudios de casos son una herramienta poderosa para demostrar el valor de una oferta. Los grandes vendedores presentan casos reales en los que su producto o servicio ha generado mejoras significativas en las empresas o ha satisfecho las necesidades de los clientes. Los estudios de casos proporcionan pruebas tangibles de los beneficios y resultados que se pueden obtener.

c. **Testimonios de clientes satisfechos:** Los testimonios de clientes satisfechos son una forma efectiva de demostrar el valor de una oferta. Los grandes vendedores recopilan testimonios de clientes felices que han experimentado los beneficios de su producto o servicio. Estos testimonios actúan como pruebas sociales y generan confianza en el cliente al mostrar que otras personas han tenido experiencias positivas.

d. **Datos relevantes:** Los datos y las estadísticas pueden respaldar los argumentos del vendedor al proporcionar evidencia objetiva. Los grandes vendedores utilizan datos relevantes y creíbles para respaldar las afirmaciones sobre la efectividad, la calidad o el rendimiento de su oferta. Estos datos pueden provenir de investigaciones de mercado, estudios independientes o métricas internas que demuestren los resultados obtenidos por otros clientes.

e. **Beneficios claros**: Los grandes vendedores se enfocan en comunicar claramente los beneficios que el cliente obtendrá al adquirir su producto o servicio. Resaltan cómo su oferta puede resolver problemas específicos, mejorar la eficiencia, aumentar la productividad o ahorrar tiempo y dinero. Al demostrar los beneficios de manera clara y concreta, los vendedores ayudan al cliente a comprender el valor que recibirán.

La demostración de valor por parte de los grandes vendedores se basa en proporcionar ejemplos concretos, utilizar estudios de casos, testimonios de clientes satisfechos y datos relevantes.

Estas estrategias respaldan sus argumentos, generan confianza en el cliente y le ayudan a superar sus objeciones al mostrar cómo su oferta puede satisfacer sus necesidades y brindarles resultados positivos.

Cuando se trata de convertir objeciones en oportunidades, la personalización de la solución es un enfoque clave que utilizan los grandes vendedores. Reconocen que cada cliente es único y tiene necesidades individuales, por lo que evitan ofrecer respuestas genéricas o soluciones estándar.

En cambio, adaptan su enfoque para abordar específicamente las preocupaciones del cliente y ofrecen soluciones personalizadas que se ajustan a sus circunstancias y requisitos.

Para lograr esto, los grandes vendedores dedican tiempo a escuchar activamente al cliente. Prestan atención a sus inquietudes, preguntas y necesidades específicas. Utilizan habilidades de escucha empática para comprender a fondo la situación del cliente y obtener una visión clara de lo que realmente les preocupa.

Una vez que han captado las preocupaciones del cliente, los grandes vendedores trabajan en colaboración con ellos para diseñar una solución personalizada. Esto implica presentar opciones y recomendaciones que aborden directamente las inquietudes planteadas. Pueden ofrecer ejemplos o casos de éxito relevantes que demuestren cómo su producto o servicio ha resuelto problemas similares en el pasado.

Además, los grandes vendedores se aseguran de que la solución personalizada esté alineada con los objetivos y las prioridades del cliente. Esto implica resaltar los beneficios y las ventajas específicas que más importan al cliente, y cómo la solución propuesta puede ayudarles a alcanzar sus metas. También están dispuestos a realizar ajustes y adaptaciones en la solución para satisfacer las necesidades cambiantes del cliente.

Al ofrecer una solución personalizada, se demuestra al cliente que se les está prestando atención y que su objeción está siendo tomada en serio. Esto construye confianza y muestra al cliente que están dispuestos a ir más allá para satisfacer sus necesidades individuales.

Como resultado, el cliente se siente valorado y es más probable que considere la oferta del vendedor como una solución genuina a su problema. La personalización de la solución implica adaptar el enfoque y ofrecer respuestas específicas a las preocupaciones del cliente.

Los grandes vendedores comprenden la importancia de tratar a cada cliente como único y se esfuerzan por ofrecer soluciones que aborden sus necesidades individuales. Al hacerlo, generan confianza, demuestran valor y convierten las objeciones en oportunidades para cerrar la venta.

Cuando vemos a una objeción que no puede resolverse directamente, utilizan la estrategia de ofrecer alternativas al cliente. Esta táctica les permite mostrar flexibilidad y adaptabilidad para encontrar soluciones que satisfagan las necesidades del cliente.

En primer lugar, sugieren opciones adicionales que aborden la preocupación específica del cliente. Por ejemplo, si el cliente encuentra el precio demasiado alto, el vendedor puede ofrecer diferentes paquetes o planes de precios que se ajusten a su presupuesto. De esta manera, el vendedor demuestra que comprende la preocupación del cliente y busca encontrar una solución que se ajuste a sus necesidades.

Además, se puede identificar características complementarias que agreguen valor al producto o servicio principal y resuelvan la objeción del cliente. Por ejemplo, si el cliente está preocupado por la durabilidad de un producto, el vendedor puede resaltar características adicionales de resistencia o garantías extendidas que brinden mayor tranquilidad al cliente.

En algunos casos, la objeción del cliente puede estar relacionada con una necesidad específica que el producto o servicio actual no puede cumplir. En este caso, los grandes vendedores pueden recomendar productos o servicios complementarios que satisfagan esa necesidad. Por ejemplo, si el cliente busca una solución integral, el vendedor puede ofrecer servicios adicionales de instalación, mantenimiento o soporte técnico.

Otra estrategia efectiva es ofrecer demostraciones o pruebas gratuitas. Si el cliente tiene dudas sobre la funcionalidad o eficacia del producto, el vendedor puede ofrecer la oportunidad de experimentarlo por sí mismo. Esto les brinda la posibilidad de superar la objeción al proporcionar evidencia tangible de la calidad y el rendimiento del producto.

Por último, en ciertos casos, se puede ofrecer asesoramiento personalizado para ayudar al cliente a encontrar la mejor solución para su necesidad. Esto implica escuchar atentamente las preocupaciones del cliente, comprender su situación y recomendar opciones que se ajusten a sus circunstancias específicas.

Se debe convertir las objeciones en oportunidades al ofrecer alternativas que aborden las preocupaciones del cliente y satisfagan sus necesidades. Estas alternativas pueden incluir opciones adicionales, características complementarias, productos o servicios complementarios, demostraciones o pruebas gratuitas, y asesoramiento personalizado. Al implementar estas estrategias, los vendedores demuestran su compromiso de encontrar soluciones adecuadas y establecen una relación de confianza con el cliente.

El manejo de objeciones emocionales es una habilidad clave para convertir las objeciones en oportunidades. Cuando un cliente plantea una objeción basada en emociones o experiencias pasadas negativas, es importante abordarla de manera empática y comprensiva. En primer lugar, el vendedor reconoce las emociones del cliente y las validan. Pueden decir algo como: "Entiendo que esta situación puede generar preocupación o frustración". Al reconocer las emociones, el vendedor muestra empatía y demuestra que se preocupa por los sentimientos del cliente.

Luego, se busca comprender las razones detrás de esas emociones. Puede hacer preguntas abiertas para permitir al cliente expresar sus preocupaciones y experiencias pasadas. Al escuchar activamente, el vendedor puede comprender mejor la perspectiva del cliente y encontrar puntos en común.

Una vez que se ha establecido una comprensión mutua, el vendedor puede trabajar en conjunto con el cliente para superar esas objeciones emocionales. Esto implica proporcionar información adicional, compartir testimonios o casos de éxito que aborden esas preocupaciones específicas. También pueden ofrecer soluciones alternativas o adaptar la oferta para satisfacer las necesidades emocionales del cliente.

La construcción de una relación de confianza es fundamental en el manejo de objeciones emocionales. Los grandes vendedores se esfuerzan por establecer y mantener esa relación a través de la empatía y la atención genuina. Al mostrar comprensión y preocupación por las emociones del cliente, pueden crear un ambiente de confianza mutua que facilite la superación de las objeciones emocionales.

El manejo de objeciones emocionales implica reconocer y validar las emociones del cliente, comprender sus razones y trabajar en conjunto para superar esas objeciones. A través de la empatía y la construcción de una relación de confianza, los grandes vendedores pueden convertir estas objeciones emocionales en oportunidades para demostrar el valor y la capacidad de satisfacer las necesidades del cliente.

El paso del seguimiento y seguimiento es fundamental para los grandes vendedores. Después de abordar una objeción y proporcionar una respuesta satisfactoria, no se quedan ahí, sino que continúan el proceso para garantizar la satisfacción del cliente y fortalecer la relación.

El seguimiento implica comunicarse con el cliente después de haber abordado su objeción. Puede hacerse a través de una llamada telefónica, un correo electrónico o incluso una reunión cara a cara, según la preferencia del cliente. El objetivo es verificar si el cliente está satisfecho con la respuesta proporcionada y si sus inquietudes han sido completamente abordadas.

Durante el seguimiento, se debe mostrar el compromiso y atención al cliente. Escuchan activamente cualquier comentario adicional que el cliente pueda tener y están dispuestos a tomar medidas adicionales si es necesario. Esto demuestra al cliente que su satisfacción y su éxito son una prioridad para el vendedor.

Además, el seguimiento brinda la oportunidad de fortalecer aún más la relación con el cliente. Durante estas interacciones de seguimiento, los grandes vendedores pueden aprovechar para brindar información adicional, compartir actualizaciones relevantes o incluso ofrecer promociones o descuentos exclusivos. Esto ayuda a mantener el interés del cliente y a construir una relación a largo plazo basada en la confianza y la satisfacción.

El seguimiento y seguimiento son esenciales para convertir objeciones en oportunidades. Este paso demuestra compromiso, atención y preocupación por la satisfacción del cliente. Al seguir el proceso de seguimiento, los grandes vendedores pueden asegurarse de que el cliente esté satisfecho con la respuesta, resolver cualquier inquietud adicional y fortalecer la relación a largo plazo.

Recuerda que la clave para convertir objeciones en oportunidades radica en escuchar atentamente, demostrar valor, personalizar la solución y mantener una actitud positiva y proactiva. Cada objeción es una oportunidad para profundizar la relación con el cliente y demostrar el valor único de tu oferta.

Aquí una Lista de cosas que un vendedor puede tener listo para enfrentar posibles objeciones y rechazos:

1. Conocimiento del producto o servicio: Asegúrate de tener un conocimiento profundo y actualizado sobre el producto o servicio que estás vendiendo. Esto te permitirá responder de manera precisa y convincente a cualquier objeción relacionada con su funcionalidad, características, beneficios y ventajas competitivas.

2. Identificación de objeciones comunes: Analiza las objeciones más comunes que los clientes suelen plantear y prepárate para abordarlas de manera efectiva. Identifica las preocupaciones más frecuentes y desarrolla respuestas y argumentos sólidos para contrarrestarlas.

3. Practicar respuestas y argumentos: Dedica tiempo a practicar y perfeccionar tus respuestas a las objeciones. Ensaya diferentes escenarios y ejemplos para asegurarte de que tus argumentos sean claros, persuasivos y convincentes.

4. Recopilación de testimonios y casos de éxito: Recolecta testimonios de clientes satisfechos y casos de éxito que respalden la eficacia de tu producto o servicio. Estos testimonios pueden ser utilizados como pruebas sociales para contrarrestar objeciones y demostrar el valor de lo que estás vendiendo.

5. Preparación de materiales de apoyo: Prepara materiales de apoyo, como folletos, presentaciones o demostraciones, que respalden tus argumentos y ayuden a disipar las dudas de los clientes. Estos materiales deben ser claros, visualmente atractivos y proporcionar información relevante sobre el producto o servicio.

6. Desarrollo de habilidades de escucha activa: Asegúrate de desarrollar habilidades de escucha activa para comprender completamente las objeciones y preocupaciones de los clientes. Esto te permitirá abordarlas de manera más efectiva y adaptar tus respuestas a sus necesidades específicas.

7. Mantener la calma y la profesionalidad: Ante objeciones y rechazos, es fundamental mantener la calma y la profesionalidad. Evita reaccionar de forma defensiva. En su lugar, muestra empatía, escucha atentamente y responde de manera respetuosa y educada.

8. Enfoque en la resolución de problemas: En lugar de ver las objeciones como barreras, concéntrate en encontrar soluciones. Aborda las preocupaciones del cliente con una mentalidad orientada a la resolución de problemas y muestra disposición para encontrar alternativas o hacer ajustes según sea necesario.

9. Adaptabilidad y flexibilidad: Prepárate para adaptarte a diferentes escenarios y necesidades individuales de los clientes. No todas las objeciones son iguales, por lo que debes estar dispuesto a ajustar tu enfoque y ofrecer soluciones personalizadas para cada situación.

10. Autoconfianza y actitud positiva: Mantén una actitud positiva y confía en tus habilidades como vendedor. La confianza en ti mismo y en lo que estás vendiendo se reflejará en tus interacciones con los clientes y te ayudará a superar objeciones y rechazos de manera efectiva.

Recuerda que esta lista es una guía general y cada vendedor puede adaptarlo según sus necesidades y estilo de ventas. Lo importante es estar preparado.

Había una vez un vendedor de burbujas de jabón que recorría las calles de un pintoresco pueblo. Llevaba consigo un pequeño carrito lleno de recipientes con solución de jabón y varitas mágicas para crear burbujas. Su objetivo era traer alegría y diversión a las personas, especialmente a los niños.

A medida que caminaba por las calles, el vendedor de burbujas se encontraba con diversas objeciones. Algunos decían que las burbujas de jabón eran frágiles y se reventarían fácilmente. Otros consideraban que era un producto efímero y no valía la pena invertir en ello.

Sin embargo, el vendedor de burbujas no se dejaba desanimar por estas objeciones. En lugar de verlas como obstáculos, las veía como oportunidades para demostrar el valor de su producto. Cada vez que alguien planteaba una objeción, el vendedor de burbujas sonreía y les pedía que esperaran un momento.

Entonces, con su varita mágica, el vendedor creaba una enorme burbuja de jabón. La levantaba en el aire y la soplaba suavemente, mostrando a todos la belleza y la delicadeza de la burbuja. La gente quedaba maravillada al ver cómo flotaba en el viento, reflejando los colores del arcoíris y llenando el aire con su brillo iridiscente. El vendedor de burbujas explicaba que, aunque las burbujas podían parecer frágiles, también eran símbolos de alegría y efímeros momentos de diversión.

Luego, con una sonrisa, el vendedor de burbujas desafiaba a aquellos que tenían dudas a intentar reventar la burbuja. Les entregaba una varita y los animaba a soplar con suavidad sobre la burbuja. Para sorpresa de todos, la burbuja resistía, flotando en el aire sin estallar.

La gente, asombrada y emocionada, comenzaba a darse cuenta de que las burbujas de jabón no eran tan frágiles como parecían. Eran momentos mágicos de felicidad y entretenimiento, capaces de capturar la imaginación de niños y adultos por igual. El vendedor de burbujas les recordaba que, aunque las burbujas eventualmente se desvanecen, dejan una huella de alegría y recuerdos duraderos en el corazón de las personas.

Esta historia del vendedor de burbujas nos enseña que las objeciones pueden convertirse en oportunidades si las enfrentamos con creatividad y perseverancia. En lugar de rendirse ante las dudas y los escepticismos, podemos mostrar el valor de nuestro producto o servicio de manera tangible y demostrar cómo puede enriquecer las vidas de las personas.

Así como el vendedor de burbujas convirtió las objeciones en admiración y apreciación, nosotros también podemos encontrar formas de superar las objeciones y convertirlas en oportunidades para fortalecer nuestras relaciones con los clientes y lograr el éxito en las ventas.

Capítulo 5:

Cierre de Ventas y Negociación

Las cuatro técnicas de cierre de ventas son enfoques específicos que los vendedores utilizan para guiar al cliente hacia la decisión final de compra y cerrar la venta.

Cierre de opción: Esta técnica implica presentar al cliente dos o más opciones para elegir.

Cierre por asunción: En esta técnica, el vendedor asume que el cliente ya ha tomado la decisión de comprar y procede a guiarlo hacia el siguiente paso.

Cierre por urgencia: Esta técnica se basa en crear un sentido de urgencia en el cliente para que tome una decisión inmediata.

Cierre por preguntas: Esta técnica implica hacer preguntas al cliente que están diseñadas para llevarlo a la conclusión de que el producto o servicio satisface sus necesidades o deseos.

Cierre de opción

El cierre de opción es una técnica de ventas que implica presentar al cliente dos o más opciones para elegir. La idea detrás de esta técnica es brindar al cliente un sentido de control y participación en el proceso de compra, lo que puede ayudar a superar indecisiones y facilitar la toma de decisiones.

En la práctica, el vendedor puede presentar al cliente diferentes opciones que se ajusten a sus necesidades y preferencias. Por ejemplo, en la venta de ropa, se pueden ofrecer diferentes estilos, tallas o colores para que el cliente elija. En la venta de productos electrónicos, se pueden ofrecer diferentes modelos con distintas características y precios.

Antes de presentar las opciones, es importante conocer bien a tu cliente y entender sus necesidades y preferencias. Esto te permitirá ofrecer opciones relevantes y personalizadas.

Conocer a tu cliente es un aspecto esencial en el proceso de ventas. Antes de presentar opciones, es fundamental comprender a fondo quién es tu cliente y cuáles son sus necesidades y preferencias. Esto te permitirá ofrecer soluciones personalizadas y relevantes que se ajusten a sus requerimientos específicos.

Para lograr un buen conocimiento del cliente, es importante emplear diferentes estrategias. En primer lugar, realiza investigaciones exhaustivas sobre tu cliente y su industria. Examina su sitio web, perfiles de redes sociales y cualquier otra fuente relevante para obtener información sobre sus objetivos, desafíos y tendencias del mercado. Esta investigación te brindará una comprensión más profunda de su negocio y te ayudará a adaptar tus opciones a sus necesidades particulares.

Además de la investigación, es crucial escuchar activamente a tu cliente durante las interacciones. Presta atención a sus comentarios, preguntas y preocupaciones. Escucha con empatía y muestra interés genuino en comprender sus necesidades. Esto te permitirá obtener información valiosa y ajustar tus opciones en consecuencia.

Para establecer una relación sólida con tus clientes, es fundamental conocerlos a fondo y comprender sus necesidades y preferencias. Una estrategia clave para lograr esto es mantener registros actualizados de tus interacciones y transacciones con cada cliente.

El mantenimiento de registros precisos y actualizados te permite tener un panorama completo de las preferencias, historial de compras y necesidades específicas de cada cliente. Esto te brinda una ventaja invaluable al presentar opciones personalizadas que se ajusten a sus requerimientos. Al mantener un registro organizado de las conversaciones anteriores, las preferencias declaradas y cualquier detalle relevante, puedes mostrar un alto nivel de atención y cuidado al interactuar con tus clientes.

Los registros actualizados también te permiten realizar un seguimiento efectivo con tus clientes. Puedes hacer un seguimiento después de cada venta para asegurarte de que estén satisfechos con su compra y resolver cualquier problema o inquietud que puedan surgir.

Asimismo, puedes aprovechar los registros para realizar un seguimiento proactivo en futuras interacciones. Por ejemplo, si un cliente expresó interés en un producto específico en el pasado, puedes recordarle esa conversación y presentarle opciones adicionales relacionadas con sus necesidades y preferencias.

La tecnología juega un papel crucial en el mantenimiento de registros actualizados. Utilizar un sistema de gestión de relaciones con el cliente (CRM) o cualquier otra herramienta digital te ayuda a capturar y almacenar de manera eficiente los datos relevantes de tus clientes.

Estas herramientas te permiten registrar detalles importantes como fechas de contacto, preferencias, historial de compras y cualquier otra información relevante para brindar un servicio personalizado y sobresalir en tu atención al cliente.

El mantenimiento de registros actualizados es esencial para establecer relaciones duraderas con tus clientes. Al tener acceso a información precisa y actualizada, puedes ofrecer opciones personalizadas que satisfagan sus necesidades, hacer un seguimiento proactivo y brindar un servicio excepcional. Esto no solo fomenta la lealtad del cliente, sino que también fortalece tu reputación como un vendedor confiable y atento a las necesidades de sus clientes.

Realizar preguntas claras y abiertas también es una técnica efectiva para conocer mejor a tu cliente. Formula preguntas estratégicas que te ayuden a comprender sus objetivos, desafíos, preferencias y expectativas.

Estas preguntas deben ser lo suficientemente amplias como para fomentar una conversación más profunda y revelar información importante para adaptar tus opciones.

Además, es fundamental mantener registros actualizados de tus interacciones con el cliente. Mantén un registro organizado de las conversaciones, preferencias y necesidades específicas. Esto te permitirá realizar un seguimiento efectivo y personalizado en futuras interacciones, lo que demuestra tu compromiso y atención al cliente.

Al conocer a tu cliente en profundidad, puedes ofrecer opciones personalizadas y relevantes que se alineen con sus necesidades. Esto crea un ambiente de confianza y demuestra tu compromiso de brindar soluciones adaptadas a sus requerimientos.

Un enfoque personalizado aumenta las posibilidades de que el cliente se sienta valorado y comprometido en el proceso de compra, lo que puede generar una relación más sólida y duradera.

Aunque es bueno brindar opciones, ofrecer demasiadas opciones puede abrumar al cliente. Es recomendable limitar las opciones a un número manejable para facilitar la toma de decisiones.

- **Limitar las Opciones**

Ofrecer opciones es una estrategia efectiva en el cierre de ventas, pero es importante tener en cuenta que ofrecer demasiadas opciones puede abrumar al cliente y dificultar su toma de decisiones. Es por que se recomienda limitar las opciones a un número manejable para facilitar el proceso de elección y garantizar una experiencia más satisfactoria para el cliente.

Identifica las opciones que más se alineen con las necesidades del cliente y que ofrezcan beneficios diferenciados. Selecciona aquellas que sean representativas y que abarquen las principales características o variantes del producto o servicio que estás ofreciendo.

Al momento de presentar opciones al cliente, es importante identificar aquellas que se ajusten mejor a sus necesidades y que ofrezcan beneficios diferenciados. Esto implica seleccionar opciones representativas que abarquen las principales características o variantes del producto o servicio que se está ofreciendo.

Por ejemplo, si estás vendiendo teléfonos móviles, en lugar de presentar una amplia gama de modelos, puedes identificar aquellos que se alineen con las necesidades específicas del cliente. Si el cliente valora una cámara de alta calidad, puedes resaltar los modelos con excelente resolución de imagen y funciones avanzadas de fotografía. Si el cliente prioriza la duración de la batería, puedes enfocarte en los modelos con mayor autonomía. Al ofrecer opciones que se adaptan a las necesidades y preferencias del cliente, aumentas las posibilidades de cerrar la venta.

En el caso de la venta de paquetes vacacionales, en lugar de presentar una lista interminable de destinos y opciones de alojamiento, es recomendable seleccionar opciones representativas que ofrezcan beneficios diferenciados.

Por ejemplo, si el cliente busca una experiencia de lujo, puedes ofrecer paquetes en resorts de cinco estrellas con servicios exclusivos. Si el cliente prefiere aventuras al aire libre, puedes destacar opciones que incluyan actividades como senderismo o buceo. Al presentar opciones que abarquen diferentes intereses y preferencias, facilitas el proceso de elección del cliente y aumentas las posibilidades de cerrar la venta.

En el caso de servicios de consultoría empresarial, en lugar de ofrecer un único paquete estándar, es recomendable adaptar las opciones a las necesidades específicas de cada cliente. Por ejemplo, si un cliente necesita asesoramiento en estrategia de marketing digital, puedes ofrecer un paquete que incluya análisis de mercado, desarrollo de campañas publicitarias y seguimiento de resultados.

Si otro cliente requiere asistencia en la optimización de procesos internos, puedes ofrecer un paquete que incluya análisis de eficiencia, diseño de flujos de trabajo y capacitación del personal. Al presentar opciones personalizadas y adaptadas a las necesidades individuales de cada cliente, demuestras tu capacidad para brindar soluciones específicas y aumentas las posibilidades de cerrar la venta.

Al identificar y seleccionar cuidadosamente las opciones que se ajusten a las necesidades del cliente y ofrezcan beneficios diferenciados, podrás presentar una oferta más enfocada y relevante.

Esto aumentará la percepción de valor por parte del cliente y facilitará la toma de decisiones, favoreciendo así el cierre de la venta. La selección y presentación adecuada de opciones que se alineen con las necesidades del cliente y ofrezcan beneficios diferenciados puede contribuir a un cierre de ventas exitoso de varias formas.

En primer lugar, al presentar opciones que están directamente relacionadas con las necesidades y preferencias del cliente, demuestras un profundo entendimiento de sus requerimientos y muestras interés genuino en satisfacer sus expectativas. Esto genera confianza y establece una conexión más sólida entre el vendedor y el cliente, lo cual es fundamental para cerrar la venta.

Además, ofrecer opciones que ofrezcan beneficios diferenciados permite resaltar los aspectos únicos y atractivos de cada opción. Esto ayuda a comunicar de manera efectiva el valor del producto o servicio y cómo puede resolver los problemas o satisfacer las necesidades del cliente. Al resaltar los beneficios específicos que cada opción proporciona, estás brindando argumentos sólidos que convencen al cliente de que tomar una decisión favorable es la mejor opción.

Asimismo, limitar el número de opciones disponibles evita abrumar al cliente y facilita la toma de decisiones. Presentar una lista extensa de opciones puede confundir al cliente y hacer que se sienta indeciso. En cambio, al ofrecer un número manejable de opciones representativas, le brindas al cliente la oportunidad de evaluar cada una de ellas de manera más efectiva y tomar una decisión informada.

Al seleccionar opciones que se ajusten a las necesidades y preferencias del cliente, estás personalizando la experiencia de compra. Esto muestra al cliente que estás dispuesto a adaptarte a sus necesidades individuales y que valoras su opinión. Al sentirse escuchado y atendido, el cliente se siente más inclinado a realizar la compra y establecer una relación duradera contigo como vendedor.

La selección cuidadosa de opciones y su presentación adecuada, basada en las necesidades y preferencias del cliente, ayuda a establecer una conexión más sólida, comunica el valor del producto o servicio de manera efectiva, facilita la toma de decisiones y personaliza la experiencia de compra. Todo esto contribuye a un cierre de ventas exitoso al generar confianza, satisfacer las necesidades del cliente y demostrar el compromiso del vendedor con su satisfacción.

- ***Destacar las diferencias***

Al presentar las opciones, asegúrate de resaltar las diferencias clave entre ellas, como características, beneficios y precios. Esto ayudará al cliente a evaluar las opciones y elegir la que mejor se ajuste a sus necesidades.

Destacar las diferencias entre las opciones es un aspecto crucial para guiar al cliente en su toma de decisiones y lograr un cierre de ventas exitoso. Al presentar las diferentes opciones, es importante resaltar las características distintivas, los beneficios únicos y los precios asociados a cada una de ellas.

Al destacar las diferencias clave, estás proporcionando información relevante que permite al cliente evaluar las opciones de manera más precisa y tomar una decisión informada.

Al destacar las características distintivas de cada opción, estás proporcionando al cliente información detallada sobre las ventajas y desventajas de cada una. Esto le permite evaluar mejor las opciones y tomar una decisión informada.

Cuando identificas las características únicas de cada opción, estás resaltando los aspectos que las diferencian entre sí. En el ejemplo de los teléfonos móviles, puedes mencionar que una opción tiene una cámara de mayor resolución, lo que significa que el cliente podrá capturar fotos y videos con una calidad excepcional. Por otro lado, puedes destacar que otra opción tiene una mayor capacidad de almacenamiento, lo que permitirá al cliente guardar más aplicaciones, archivos y multimedia en su dispositivo.

Al comunicar estas características distintivas, es importante explicar cómo se traducen en beneficios concretos para el cliente. Por ejemplo, puedes mencionar que una cámara de mayor resolución permitirá al cliente capturar recuerdos nítidos y detallados, lo cual es ideal para aquellos interesados en la fotografía o que desean tener imágenes de alta calidad para compartir en redes sociales. Del mismo modo, resaltar que una opción tiene una mayor capacidad de almacenamiento significa que el cliente podrá tener más aplicaciones, música, fotos y videos en su dispositivo sin preocuparse por quedarse sin espacio.

Es fundamental que estas características distintivas estén alineadas con las necesidades y preferencias del cliente. Por lo tanto, antes de resaltar las características, es importante comprender las expectativas y requerimientos del cliente. Esto te permitirá enfocar tu mensaje en aquellos aspectos que realmente le interesan y que pueden marcar la diferencia en su experiencia de uso.

Además, es importante tener en cuenta que las características distintivas no solo se limitan a aspectos técnicos. También pueden incluir aspectos relacionados con el diseño, la durabilidad, la ergonomía o cualquier otra característica que pueda ser relevante para el cliente.

Al comunicar las características distintivas de cada opción, estás ayudando al cliente a comprender las ventajas y desventajas de cada una. Esto le permite evaluar las opciones de manera más precisa y tomar una decisión informada. Recuerda que es importante resaltar los beneficios concretos que estas características proporcionan y adaptar tu mensaje a las necesidades y preferencias del cliente.

Al resaltar los beneficios específicos de cada opción, estás proporcionando al cliente una comprensión clara de cómo cada una de ellas puede satisfacer sus necesidades o resolver sus problemas de manera única. Para lograrlo, es importante seguir algunos pasos clave. Debes identificar las necesidades y problemas del cliente. Esto implica realizar preguntas abiertas y escuchar atentamente sus respuestas para comprender lo que están buscando. Por ejemplo, si estás vendiendo sistemas de seguridad para el hogar, podrías indagar acerca de sus preocupaciones de seguridad y qué aspectos son más importantes para ellos.

Una vez que hayas identificado sus necesidades, puedes relacionar los beneficios específicos de cada opción con esas necesidades particulares. Por ejemplo, si una opción ofrece una detección de movimiento avanzada, puedes resaltar cómo esto brinda una mayor protección contra intrusos. Si otra opción cuenta con cámaras de alta resolución, puedes mencionar cómo esto proporciona una vigilancia más detallada. Al relacionar los beneficios específicos con las necesidades específicas del cliente, les ayudas a visualizar cómo cada opción puede mejorar su experiencia.

Al resaltar los beneficios específicos de cada opción y relacionarlos con las necesidades del cliente, estás demostrando el valor que tu producto o servicio puede proporcionar. Esto crea un vínculo entre lo que el cliente busca y lo que tú estás ofreciendo, generando un sentido de relevancia y satisfacción.

Al ofrecer ejemplos y testimonios de clientes satisfechos, estás respaldando tus afirmaciones con pruebas sociales, lo que aumenta la confianza del cliente en la calidad y eficacia de tus opciones. Además, al permitir que el cliente experimente los beneficios a través de demostraciones o pruebas, estás generando una experiencia práctica que refuerza la percepción de valor y utilidad.

Estas estrategias ayudan a eliminar las dudas y objeciones que el cliente pueda tener, ya que les proporcionas información clara y específica sobre cómo tu producto o servicio puede mejorar su situación. Al destacar las diferencias entre las opciones y enfocarte en los beneficios relevantes, estás facilitando la toma de decisiones y guiando al cliente hacia la opción más adecuada para ellos.

En última instancia, al utilizar estas técnicas de cierre de ventas, estás generando confianza y mostrando un compromiso genuino con las necesidades del cliente. Esto fortalece la relación y aumenta las posibilidades de lograr un cierre exitoso. Al ofrecer una experiencia personalizada y persuasiva, estás maximizando las oportunidades de convertir un prospecto en un cliente satisfecho.

- *Comunicar el precio*

El concepto de precios y valor es fundamental para el cierre de una venta efectiva. Al comunicar claramente el precio de cada opción y resaltar el valor que ofrece en relación con ese precio, estás proporcionando información importante al cliente para que pueda evaluar y comparar las diferentes alternativas.

Cuando presentas el precio de una opción, es esencial hacerlo de forma transparente y sin ocultar información. Esto genera confianza en el cliente y muestra tu honestidad como vendedor. Además, al resaltar el valor que se obtiene por ese precio, estás ayudando al cliente a comprender las ventajas y beneficios que recibirán al realizar la compra.

En este sentido, es importante destacar los elementos específicos que hacen que cada opción sea valiosa y atractiva. Puedes enfocarte en características únicas, beneficios adicionales o servicios complementarios que se incluyan en el precio. Por ejemplo, si estás vendiendo paquetes vacacionales, puedes resaltar que una opción incluye transporte gratuito al aeropuerto, acceso a actividades recreativas exclusivas o servicios de conserje personalizados. Al hacerlo, estás demostrando al cliente que el precio pagado se traduce en un valor agregado tangible.

El impacto de comunicar el precio y el valor de manera efectiva en el cierre de la venta es significativo. Al resaltar el valor por el dinero invertido, estás influenciando la percepción del cliente sobre la relación costo-beneficio. Si el cliente percibe que está obteniendo más beneficios y valor de lo que está pagando, es más probable que se sienta motivado a tomar la decisión de compra.

Asimismo, al comunicar el precio y el valor de manera clara, estás ayudando al cliente a justificar su inversión y a sentirse más seguro en su elección. Al comprender qué obtendrán a cambio de su dinero, el cliente se sentirá más confiado y cómodo al realizar la compra.

La comunicación clara del precio y el valor es esencial para el cierre de la venta. Al destacar el valor que se obtiene por el precio pagado y mostrar cómo cada opción ofrece beneficios únicos y diferenciados, estás proporcionando al cliente la información necesaria para tomar una decisión informada.

Esto influye en la percepción del cliente sobre el valor de tu oferta y aumenta las posibilidades de lograr un cierre exitoso.

- *Ayudar con la toma de decisión*

El concepto de ayuda en la toma de decisiones es fundamental en el proceso de cierre de una venta. Si un cliente muestra indecisión o duda entre las diferentes opciones presentadas, como vendedor, tienes la oportunidad de brindarle un apoyo adicional y guiarlo hacia la mejor elección.

Una forma efectiva de ayudar al cliente en su toma de decisiones es proporcionar asesoramiento adicional. Puedes ofrecer información adicional sobre las opciones, resaltando sus características y beneficios clave, así como aclarar cualquier duda o inquietud que pueda tener el cliente. Esto demuestra tu conocimiento sobre el producto o servicio, así como tu disposición para ayudar al cliente a tomar la mejor decisión para sus necesidades.

Además, puedes utilizar técnicas de preguntas estratégicas para guiar al cliente en su proceso de decisión. Haciendo preguntas pertinentes y relevantes, puedes ayudar al cliente a reflexionar sobre sus necesidades y prioridades, lo que les permite evaluar qué opción se ajusta mejor a sus requerimientos. Por ejemplo, podrías preguntar: "¿Cuáles son los aspectos más importantes que buscas en un producto/servicio?" o "¿En qué características específicas estás más interesado/a?" Estas preguntas ayudan a enfocar la atención del cliente en los aspectos que son relevantes para su decisión y les permite evaluar las opciones de manera más objetiva.

Al brindar asesoramiento adicional y hacer preguntas estratégicas, estás mostrando tu compromiso en ayudar al cliente a tomar una decisión informada y satisfactoria. Esto no solo demuestra tu experiencia y conocimiento en el campo de ventas, sino también tu actitud de servicio hacia el cliente. Al hacerlo, estás construyendo una relación de confianza y estableciendo una base sólida para el cierre de la venta.

Es importante tener en cuenta que, al brindar ayuda en la toma de decisiones, debes ser imparcial y enfocarte en los mejores intereses del cliente. Evita ser demasiado persuasivo o influenciar la decisión hacia una opción específica sin tener en cuenta las necesidades y preferencias del cliente. El objetivo es proporcionar información y orientación que empodere al cliente para que tome la mejor decisión para sí mismo.

El concepto de ayuda en la toma de decisiones tiene un impacto significativo en el cierre de la venta. Al brindar asesoramiento adicional y guiar al cliente hacia la mejor opción, estás creando confianza y generando un mayor nivel de satisfacción en su proceso de compra. Esto, a su vez, puede aumentar las posibilidades de cerrar la venta exitosamente.

Cuando el cliente se siente apoyado y comprendido, es más probable que se sienta confiado en su decisión y esté dispuesto a comprometerse con la compra. Al proporcionar información adicional y aclarar sus dudas, estás eliminando barreras que podrían obstaculizar el cierre de la venta. Al mismo tiempo, estás demostrando tu experiencia y conocimiento, lo que aumenta tu credibilidad como vendedor.

Además, al hacer preguntas estratégicas, estás ayudando al cliente a evaluar sus necesidades y prioridades. Al reflexionar sobre lo que realmente busca, el cliente puede tomar una decisión más fundamentada y alineada con sus objetivos. Esto reduce la indecisión y facilita el proceso de cierre de la venta.

La ayuda en la toma de decisiones también muestra tu disposición para servir al cliente y tu compromiso en encontrar la mejor solución para sus necesidades. Esto crea una conexión más sólida entre el cliente y tú, lo que puede llevar a relaciones comerciales a largo plazo y a posibles referencias de otros clientes.

Al brindar ayuda en la toma de decisiones, estás eliminando barreras, generando confianza y facilitando la toma de decisión del cliente. Esto incrementa las posibilidades de lograr un cierre exitoso, ya que el cliente se sentirá más seguro y satisfecho con su elección. Al mismo tiempo, estás estableciendo una base sólida para futuras relaciones comerciales y oportunidades de negocio.

Cierre por asunción

El cierre por asunción es una técnica de venta en la cual el vendedor parte de la premisa de que el cliente ya ha tomado la decisión de realizar la compra. En lugar de preguntar directamente al cliente si está listo para comprar, el vendedor asume que la respuesta es afirmativa y avanza hacia el cierre de la venta.

Esta técnica se basa en la idea de que al mostrar confianza y actuar como si la venta ya estuviera asegurada, el vendedor puede influir en la mentalidad del cliente y facilitar el proceso de cierre. Al evitar preguntas directas sobre la decisión de compra, se evitan posibles objeciones o dudas que podrían surgir en la mente del cliente.

Al aplicar el cierre por asunción, el vendedor utiliza un lenguaje y tono de voz que transmiten confianza y certeza en que el cliente ha tomado la decisión de comprar. En lugar de hacer preguntas directas sobre la intención de compra, el vendedor expresa afirmaciones que dan por sentado que la venta se realizará.

Al utilizar este enfoque, el vendedor evita poner al cliente en una posición incómoda al preguntarle directamente si está listo para comprar. En su lugar, utiliza frases que presuponen la compra y permiten al cliente confirmar o aclarar los detalles.

Un ejemplo de lenguaje utilizado en el cierre por asunción podría ser: "Entonces, ¿cuándo le gustaría recibir su pedido?". Esta afirmación presupone que el cliente está listo para realizar la compra y solo queda por determinar los detalles logísticos, como la fecha de entrega.

Otro ejemplo podría ser: "Veo que este producto se adapta perfectamente a sus necesidades. ¿Cuál es su dirección de entrega?". Con esta afirmación, el vendedor da por sentado que el cliente ha decidido comprar y solo necesita proporcionar la información necesaria para completar la transacción.

El tono de voz también juega un papel importante en el cierre por asunción. El vendedor debe utilizar un tono seguro, amigable y convincente. Debe transmitir confianza en la decisión del cliente y en la capacidad del producto o servicio para satisfacer sus necesidades.

Es importante tener en cuenta que el cierre por asunción debe emplearse de manera adecuada y sensible. No todos los clientes estarán listos para tomar la decisión de compra en ese momento, y algunos pueden necesitar más información o tiempo para considerar su elección. El vendedor debe estar atento a las señales y respuestas del cliente para adaptar su enfoque y brindar la mejor experiencia de compra posible.

El cierre por asunción implica utilizar un lenguaje y tono de voz que presuponen la venta y permiten al cliente confirmar su decisión. Esto evita preguntas directas y pone al cliente en una posición más cómoda. Sin embargo, es importante utilizar esta técnica con sensibilidad y adaptarse a las necesidades individuales de cada cliente.

Aunque el cierre por asunción puede ser una técnica efectiva para facilitar el proceso de venta, es fundamental tener en cuenta que no todos los clientes estarán listos para tomar una decisión inmediata. Algunos clientes pueden expresar resistencia, indecisión o la necesidad de más tiempo para considerar su compra. En estos casos, es esencial que el vendedor sea sensible a estas señales y esté dispuesto a adaptar su enfoque.

Cuando un cliente expresa claramente que no ha tomado una decisión de compra o muestra resistencia, es esencial que el vendedor evite ser insistente o presionar al cliente hacia una venta. En lugar de ello, es importante adoptar una actitud de empatía y comprensión hacia las preocupaciones o dudas que puedan surgir.

En primer lugar, el vendedor debe demostrar una escucha activa y prestar atención a las preocupaciones manifestadas por el cliente. Es importante permitir que el cliente se sienta escuchado y comprendido, brindándole la oportunidad de expresar sus inquietudes y preguntas sin sentirse presionado.

Una vez que el cliente ha expresado sus preocupaciones, el vendedor debe mostrar comprensión y empatía hacia su perspectiva. Reconocer y validar las preocupaciones del cliente ayudará a generar confianza y establecer una relación de confianza. Esto implica evitar respuestas defensivas o intentos de convencer al cliente de que sus preocupaciones son infundadas.

En lugar de insistir en la venta, el vendedor puede enfocarse en proporcionar información adicional o aclaraciones que aborden las inquietudes del cliente. Esto puede implicar ofrecer testimonios de otros clientes satisfechos que hayan enfrentado situaciones similares, proporcionar datos adicionales sobre el producto o servicio que demuestren su calidad y beneficios, o incluso ofrecer garantías o políticas de devolución para brindar tranquilidad al cliente.

Es importante recordar que la resistencia del cliente puede surgir por diversas razones, como la falta de información, la incertidumbre o la necesidad de considerar otras opciones. Por lo tanto, el vendedor debe adaptarse a la situación y mostrar paciencia y disposición para ayudar al cliente en su proceso de toma de decisiones.

Cuando un cliente expresa resistencia o no ha tomado una decisión de compra, el vendedor debe evitar ser insistente y en su lugar mostrar empatía y comprensión hacia las preocupaciones del cliente. Brindar información adicional, testimonios y aclaraciones pueden ayudar a abordar las inquietudes y generar confianza en el cliente. La clave radica en construir una relación de confianza basada en el entendimiento y la disposición para ayudar al cliente a tomar una decisión informada y satisfactoria.

En lugar de utilizar el cierre por asunción, el vendedor puede cambiar su enfoque hacia otras técnicas de cierre o abordar las objeciones del cliente. Por ejemplo, puede utilizar la técnica del cierre por preguntas para indagar más en las preocupaciones del cliente y ofrecer soluciones o aclaraciones adicionales. También puede emplear el cierre por testimonios, presentando casos exitosos o testimonios de clientes satisfechos que puedan generar confianza en la decisión de compra. Es crucial que el vendedor esté atento a las señales de resistencia o indecisión por parte del cliente. En estos casos, es importante adaptar el enfoque, mostrar empatía y utilizar otras técnicas de cierre o abordar las objeciones del cliente de manera adecuada. La clave para un cierre exitoso es brindar una experiencia de venta personalizada y adaptada a las necesidades individuales de cada cliente.

Cierre por Urgencia

El cierre por urgencia es una técnica de ventas que aprovecha la psicología del cliente para impulsar la toma de decisiones de compra de forma rápida. Se basa en la premisa de que cuando se presenta una situación de urgencia o escasez, el cliente se siente más motivado a actuar para aprovechar la oportunidad antes de que se agote.

Una de las formas más comunes de aplicar el cierre por urgencia es estableciendo una fecha límite para una promoción especial. Por ejemplo, se puede anunciar que un descuento o una oferta especial estará disponible solo por un tiempo limitado, lo cual crea un sentido de urgencia en el cliente para tomar acción antes de que se acabe la oportunidad de ahorrar dinero o beneficiarse de la promoción.

Otra forma de utilizar el cierre por urgencia es ofreciendo descuentos o beneficios adicionales por un tiempo limitado. Por ejemplo, se puede ofrecer un descuento adicional a los primeros clientes que realicen una compra, lo cual genera un incentivo para que el cliente tome una decisión rápida y se beneficie de la oferta exclusiva. Además, resaltar la disponibilidad limitada de un producto o servicio también puede generar urgencia en el cliente.

Para generar una sensación de escasez o limitación en el cierre por urgencia, existen varias estrategias efectivas que puedes utilizar. Una de ellas es resaltar la cantidad limitada de productos disponibles, informando al cliente sobre el número exacto de unidades restantes o utilizando frases como "disponible solo hasta agotar existencias". De esta manera, se crea la sensación de que el producto es altamente deseable y puede agotarse rápidamente.

Otra estrategia es establecer un tiempo limitado para la promoción o el descuento especial. Al comunicar claramente una fecha límite, se genera un sentido de urgencia en el cliente, quien sabe que después de esa fecha perderá la oportunidad de obtener la oferta. Es importante destacar la temporalidad y recordar al cliente sobre la proximidad del plazo límite.

También puedes utilizar la exclusividad como una forma de generar escasez. Al hacer que el cliente se sienta privilegiado al tener acceso a una oferta exclusiva o limitada, aumentará su interés y la sensación de que está aprovechando una oportunidad única. Puedes mencionar que la oferta está disponible solo para ciertos clientes o para un grupo selecto.

Una estrategia efectiva para generar urgencia en la toma de decisiones de los clientes es vincular la oferta con un evento o temporada especial. Esta técnica se utiliza comúnmente en el ámbito de las ventas para aprovechar la sensación de exclusividad y oportunidad limitada que se asocia con ciertos momentos del año o acontecimientos específicos.

Tomemos como ejemplo a un vendedor que desea promover una oferta especial en productos electrónicos. En este caso, podrían aprovechar un evento como el Black Friday, que es una fecha reconocida mundialmente por sus descuentos y ofertas en productos. El vendedor podría lanzar una promoción que ofrezca precios exclusivos en una selección de productos electrónicos durante un periodo limitado, por ejemplo, del 23 al 26 de noviembre.

Al relacionar la oferta con el Black Friday, el vendedor crea un sentido de urgencia temporal. Los clientes saben que solo durante esos días tendrán la oportunidad de acceder a los precios especiales en los productos electrónicos, lo que los motiva a tomar una decisión rápida. Esta estrategia se basa en el principio psicológico de la escasez, ya que se crea la percepción de que la oferta es limitada y exclusiva para ese evento en particular.

El vendedor podría comunicar esta promoción a través de diversos canales, como redes sociales, correos electrónicos a su base de clientes y anuncios en su tienda física. Además, podrían resaltar los beneficios de adquirir productos electrónicos de alta calidad a precios reducidos durante el Black Friday, como el ahorro económico y la oportunidad de obtener tecnología de vanguardia a precios más accesibles.

Al utilizar esta estrategia, el vendedor no solo genera urgencia en la toma de decisiones de los clientes, sino que también se asocia con un evento reconocido y esperado por los consumidores. Esto fortalece la conexión emocional con el vendedor y crea una sensación de confianza y satisfacción en los clientes al saber que están aprovechando una oferta especial durante un momento especial.

Recuerda que, al utilizar estas estrategias, es fundamental ser honesto y transparente. La idea es crear una sensación de escasez real o temporal para motivar al cliente a tomar una decisión rápida, pero siempre proporcionando información veraz y cumpliendo con las promesas realizadas. Esto ayudará a generar confianza y mantener una relación sólida con el cliente a largo plazo.
El cierre por urgencia puede ser una técnica efectiva para agilizar el proceso de venta, pero es importante utilizarla con integridad y transparencia. Es fundamental proporcionar información veraz y respaldar la urgencia presentada con una razón válida, ya sea por la disponibilidad limitada, una oferta temporal o beneficios exclusivos.

Es esencial brindar información veraz y relevante que respalde la necesidad de actuar de forma inmediata. Esto implica presentar argumentos sólidos y datos concretos que demuestren los beneficios y las ventajas de tomar una decisión pronta. La idea no es crear una falsa sensación de urgencia basada en información engañosa, sino proporcionar argumentos sólidos que ayuden al cliente a comprender por qué es beneficioso actuar de manera rápida.

La generación de urgencia debe estar alineada con las necesidades y los intereses del cliente, ofreciendo soluciones que realmente satisfagan sus requerimientos. Esto implica escuchar activamente al cliente, comprender sus preocupaciones y adaptar la comunicación de manera personalizada.

Es crucial respetar los límites y el tiempo del cliente. Si bien se busca generar una sensación de urgencia, también es importante reconocer que cada persona tiene su propio ritmo y proceso de toma de decisiones. Presionar o forzar a un cliente más allá de sus límites puede generar un impacto negativo en la relación comercial a largo plazo.

Utilizar técnicas de generación de urgencia de manera ética y genuina implica brindar información veraz y relevante, adaptarse a las necesidades individuales del cliente y respetar sus límites y tiempos. Al hacerlo, se establece una relación de confianza y se maximizan las posibilidades de que el cliente tome decisiones informadas y beneficiosas para ambas partes.

El cierre por preguntas es una técnica poderosa que se utiliza en ventas para ayudar al cliente a llegar a la conclusión de que el producto o servicio ofrecido cumple con sus necesidades o deseos. En lugar de imponer la venta directamente, el vendedor utiliza preguntas estratégicas para guiar al cliente hacia una decisión de compra favorable.

La clave de esta técnica radica en formular preguntas que dirijan la atención del cliente hacia los beneficios y características más relevantes del producto o servicio. Estas preguntas están diseñadas para despertar el interés y la reflexión del cliente, permitiéndole darse cuenta por sí mismo de que la solución ofrecida es la adecuada para satisfacer sus necesidades.

Por ejemplo, supongamos que un vendedor está promocionando un programa de entrenamiento en línea. En lugar de decir directamente: "Este programa de entrenamiento es perfecto para ti", el vendedor podría plantear preguntas como:

- ¿Te gustaría tener acceso a un programa de entrenamiento que se adapte a tu horario y estilo de vida?
- ¿Has estado buscando una forma conveniente de mantenerte en forma y alcanzar tus objetivos de salud?
- ¿Te interesaría contar con un programa que incluya seguimiento personalizado y apoyo constante?

Estas preguntas están diseñadas para captar la atención del cliente y dirigirla hacia los beneficios clave del programa de entrenamiento en línea, como la flexibilidad, la comodidad y el apoyo personalizado. A medida que el cliente reflexiona sobre estas preguntas, se da cuenta de que el producto ofrecido cumple con sus necesidades y deseos.

Es importante destacar que el cierre por preguntas no se trata de manipular al cliente, sino de guiarlo hacia una decisión informada. Las preguntas deben ser genuinas y relevantes, basadas en un conocimiento profundo de las necesidades del cliente y en la comprensión de cómo el producto o servicio puede ayudarlo.

Esta técnica de cierre por preguntas permite al vendedor involucrar activamente al cliente en el proceso de venta y le brinda la oportunidad de tomar una decisión consciente. Al hacerlo, se establece una mayor confianza y se incrementa la probabilidad de cerrar la venta de manera exitosa.

El enfoque de preguntas estratégicas para el cierre de ventas en los nuevos tiempos se basa en adaptarse a las necesidades y preferencias cambiantes de los clientes, así como en aprovechar las herramientas y tecnologías disponibles. Este nuevo enfoque se puede llamar "QUADS" (Questions for Understanding, Assessing, Discovering, and Suggesting).

1. Preguntas para entender.
En lugar de simplemente recopilar información básica sobre la situación del cliente, las preguntas para entender se enfocan en comprender profundamente las metas, desafíos y valores del cliente. Estas preguntas buscan conocer su visión a largo plazo y las motivaciones detrás de sus decisiones.

Al utilizar preguntas para entender en el cierre de la venta, el vendedor busca ir más allá de una simple recopilación de datos superficiales. El objetivo es comprender a fondo las metas, desafíos y valores del cliente para poder ofrecer una solución que se alinee con sus necesidades y deseos a largo plazo.

Durante esta etapa, el vendedor debe hacer preguntas abiertas y exploratorias que inviten al cliente a compartir información relevante sobre sus objetivos comerciales, sus preocupaciones, sus aspiraciones y lo que realmente valoran en una solución. Estas preguntas deben ser cuidadosamente diseñadas para fomentar una conversación profunda y significativa, permitiendo al vendedor adentrarse en la mente del cliente y obtener una visión más completa de su situación.

Un ejemplo de una pregunta para entender en el cierre de la venta podría ser: "¿Cuáles son los principales desafíos que enfrenta su negocio actualmente y cómo cree que una solución como la nuestra podría ayudarle a superarlos?". Esta pregunta permite al vendedor comprender las preocupaciones y dificultades específicas del cliente, así como brindarle la oportunidad de expresar sus expectativas y necesidades.

Al comprender a fondo las metas, desafíos y valores del cliente, el vendedor puede personalizar su enfoque y presentar una propuesta convincente que demuestre cómo su oferta puede ayudar a alcanzar los resultados deseados. Esta comprensión profunda también ayuda a establecer una conexión más sólida y de confianza con el cliente, lo que aumenta las posibilidades de cerrar la venta de manera exitosa.

2. Preguntas para evaluar.

Estas preguntas se centran en ayudar al cliente a evaluar los beneficios y resultados potenciales de la solución ofrecida. Se exploran los criterios de evaluación y se destacan los aspectos clave que demuestran cómo la oferta puede cumplir con esos criterios.

El uso de preguntas para evaluar durante el proceso de cierre de la venta es fundamental para ayudar al cliente a comprender y valorar los beneficios y resultados que puede obtener al elegir la solución que se le ofrece. Estas preguntas se centran en explorar los criterios de evaluación del cliente y resaltar los aspectos clave que demuestran cómo la oferta cumple con esos criterios de manera efectiva.

Una estrategia efectiva es indagar sobre los criterios de éxito del cliente, preguntándole cuáles son los resultados o logros que consideraría como señales de éxito al implementar la solución. Esto ayuda al cliente a reflexionar sobre sus expectativas y permite al vendedor destacar cómo la oferta puede cumplir con esos criterios específicos.

Además, preguntar sobre las experiencias previas del cliente con soluciones similares es otra táctica valiosa. Esto permite al vendedor comprender qué aspectos fueron más relevantes para el cliente en el pasado y cómo se pueden aplicar a la oferta actual. También se pueden identificar áreas de mejora y destacar cómo la nueva solución aborda esas preocupaciones.

Explorar las ventajas competitivas es otra técnica clave. El vendedor puede preguntar al cliente qué características o beneficios valora más al comparar diferentes opciones. Esto ayuda a identificar los puntos fuertes de la oferta y permite destacar cómo supera a la competencia en esos aspectos clave.

Finalmente, solicitar ejemplos o casos de éxito es una estrategia poderosa. El vendedor puede pedir al cliente que comparta ejemplos concretos de situaciones en las que los beneficios ofrecidos serían especialmente relevantes. Esto ayuda al cliente a visualizar cómo la solución puede aplicarse a su propio contexto y proporciona una base sólida para la toma de decisiones.

Las preguntas de evaluación permiten al vendedor guiar al cliente a través de un proceso reflexivo y analítico, ayudándole a comprender y valorar los beneficios y resultados que puede obtener al elegir la solución propuesta. Al adaptar estas preguntas a las necesidades y preferencias del cliente, el vendedor puede generar una mayor confianza y motivación para cerrar la venta de manera exitosa.

3. Preguntas para descubrir.

En lugar de asumir las necesidades del cliente, las preguntas para descubrir se centran en fomentar una conversación colaborativa para explorar a fondo los problemas, desafíos y oportunidades del cliente. Estas preguntas buscan descubrir nuevas perspectivas y desencadenar ideas innovadoras que puedan llevar a una solución más efectiva.

Las preguntas para descubrir en el cierre de la venta son una herramienta fundamental para ir más allá de las suposiciones y profundizar en los problemas, desafíos y oportunidades del cliente. En lugar de asumir las necesidades del cliente, estas preguntas fomentan una conversación colaborativa que permite explorar a fondo las situaciones particulares del cliente y buscar soluciones efectivas.

Cuando se utiliza esta técnica, el vendedor se enfoca en hacer preguntas abiertas y estimulantes que inviten al cliente a compartir más información sobre su situación. Algunos ejemplos de preguntas para descubrir podrían ser: "¿Cuáles son los principales desafíos que estás enfrentando actualmente en tu negocio/vida personal?" o "¿Qué impacto tienen estos desafíos en tus metas y objetivos?".

El objetivo de estas preguntas es abrir una conversación más profunda y permitir al vendedor obtener información valiosa sobre las necesidades y deseos del cliente. Al escuchar activamente las respuestas, el vendedor puede descubrir nuevas perspectivas y desencadenar ideas innovadoras que podrían llevar a una solución más efectiva y atractiva para el cliente.

Además de obtener información, las preguntas para descubrir también crean un ambiente de confianza y colaboración. El cliente se siente valorado y comprendido, lo que fortalece la relación entre el vendedor y el cliente. Al mostrar un genuino interés en comprender las necesidades y desafíos del cliente, el vendedor demuestra su compromiso y disposición para encontrar la mejor solución.

El resultado de utilizar preguntas para descubrir es la generación de una mayor conexión con el cliente, la identificación de oportunidades ocultas y la presentación de una propuesta de valor personalizada. Al adaptar la oferta según las respuestas obtenidas, el vendedor muestra al cliente que se preocupa por su éxito y está dispuesto a trabajar juntos para encontrar la mejor solución.

Las preguntas para descubrir en el cierre de la venta son una estrategia poderosa para comprender las necesidades del cliente, generar confianza y presentar una oferta que aborde de manera efectiva los desafíos y necesidades específicas del cliente. Al emplear esta técnica, los vendedores pueden lograr una mayor tasa de éxito en sus cierres de ventas y establecer relaciones duraderas y satisfactorias con los clientes.

4. Preguntas para sugerir.
Estas preguntas se enfocan en presentar ideas, soluciones y recomendaciones específicas al cliente. Se basan en la comprensión previa obtenida a través de las preguntas anteriores y se adaptan a las necesidades y preferencias individuales del cliente. Estas preguntas buscan guiar al cliente hacia una decisión de compra informada y ayudarles a visualizar cómo la oferta puede resolver sus problemas o satisfacer sus necesidades.

En la etapa de cierre de la venta, las preguntas para sugerir desempeñan un papel fundamental. Después de haber comprendido a fondo las necesidades, deseos y desafíos del cliente a través de las preguntas anteriores, el vendedor está preparado para presentar ideas, soluciones y recomendaciones específicas que se alineen con esas necesidades.

Estas preguntas se basan en la información recopilada durante la etapa de exploración y se adaptan a las preferencias individuales del cliente. El objetivo es ofrecer opciones que resuenen con ellos y les permitan visualizar cómo la oferta puede resolver sus problemas o satisfacer sus necesidades de manera efectiva.

Durante el proceso de cierre de la venta, el vendedor puede utilizar preguntas que lleven al cliente a reflexionar y considerar las ventajas de la oferta. Algunos ejemplos podrían ser:

> *- "Dado lo que hemos discutido hasta ahora y teniendo en cuenta sus objetivos, ¿consideraría útil contar con una solución que pueda agilizar sus procesos y ahorrarle tiempo?"*

> *- "Basándome en nuestra conversación anterior y entendiendo sus necesidades específicas, ¿le interesaría conocer cómo nuestros servicios pueden ayudarle a reducir costos operativos y mejorar la eficiencia de su negocio?"*

> *- "Teniendo en cuenta sus objetivos a largo plazo y considerando la competencia en el mercado, ¿le gustaría explorar cómo nuestra oferta puede proporcionarle una ventaja competitiva y contribuir al crecimiento de su empresa?"*

Estas preguntas ayudan a guiar al cliente hacia una decisión de compra informada al resaltar los beneficios y resultados específicos que la oferta puede brindarles. Además, al personalizar las sugerencias según las necesidades y preferencias individuales, se crea un mayor nivel de conexión y relevancia para el cliente.

Es fundamental que el vendedor respalde sus sugerencias con ejemplos relevantes, estudios de casos o testimonios de clientes satisfechos. Al hacerlo, se refuerza la confianza y se brinda al cliente la seguridad necesaria para tomar una decisión de compra informada. Estas preguntas para sugerir no deben ser manipulativas o engañosas, sino que deben ser auténticas y genuinas, basadas en la comprensión real del cliente y su situación particular.

Para entrenarse en el enfoque QUADS para el cierre de ventas, el vendedor puede seguir varios pasos clave. En primer lugar, es importante estudiar y comprender a fondo los principios y conceptos fundamentales del enfoque QUADS. Esto implica dedicar tiempo a la lectura y estudio de material relevante, como libros y artículos, para obtener un conocimiento sólido de cómo aplicar este enfoque en situaciones de ventas reales.

Además, la práctica es fundamental. El vendedor puede participar en ejercicios de role-play que simulen situaciones de ventas, lo cual le permitirá poner en práctica el enfoque QUADS y desarrollar habilidades para formular preguntas de calidad, escuchar activamente las respuestas del cliente y adaptar las soluciones en función de sus necesidades. Practicar con colegas o mentores y recibir retroalimentación constructiva es esencial para mejorar y perfeccionar las habilidades.

Observar y aprender de vendedores experimentados es otra estrategia valiosa. Aprovechar la oportunidad de acompañar a vendedores más experimentados en visitas a clientes, participar en reuniones de ventas conjuntas o incluso ver grabaciones de interacciones exitosas puede proporcionar valiosas lecciones prácticas. Observar cómo se formulan preguntas relevantes, cómo se escucha atentamente al cliente y cómo se cierran las ventas exitosamente puede brindar una guía práctica para el propio desempeño del vendedor.

La retroalimentación es un aspecto crítico para el crecimiento y desarrollo del vendedor. Buscar retroalimentación tanto de los clientes como de colegas o mentores permite evaluar el desempeño y obtener información sobre las áreas de mejora. La retroalimentación puede proporcionar perspectivas valiosas sobre cómo mejorar la formulación de preguntas, adaptar las soluciones y cerrar las ventas de manera efectiva. Basándose en la retroalimentación recibida, el vendedor puede realizar los ajustes necesarios en su enfoque y habilidades.

Por último, es importante mantenerse actualizado y aprender de las mejores prácticas en el campo de las ventas. Esto implica estar al tanto de las últimas tendencias, herramientas y técnicas a través de la lectura de libros relevantes, la suscripción a blogs o podcasts especializados, asistir a conferencias y participar en cursos de capacitación. Mantenerse al día con el conocimiento actualizado permite al vendedor enriquecer el enfoque QUADS y estar preparado para adaptarse a las necesidades cambiantes de los clientes.

El entrenamiento en el enfoque QUADS para el cierre de ventas requiere un estudio a fondo, práctica diligente, observación y aprendizaje de vendedores experimentados, retroalimentación constructiva y la búsqueda constante de conocimientos actualizados. Al seguir estos pasos, el vendedor estará mejor equipado para dominar el enfoque QUADS y utilizarlo de manera efectiva en sus interacciones con los clientes.

Este enfoque QUADS enfatiza la importancia de hacer preguntas estratégicas y centrarse en la comprensión y colaboración con el cliente. Al adaptarse a los nuevos tiempos, los vendedores pueden utilizar esta metodología para generar una mayor conexión con los clientes, brindar soluciones personalizadas y lograr cierres de venta exitosos.

Conclusión

A lo largo del libro, se presentaron diversas estrategias y consejos prácticos para ayudar a los vendedores a alcanzar el éxito en sus actividades de ventas.

Se hizo énfasis en la importancia fundamental de establecer relaciones sólidas con los clientes. Se destacó que las relaciones sólidas son la base para construir una base de clientes leal y satisfecha. Esto implica no solo enfocarse en cerrar ventas, sino en comprender genuinamente las necesidades, deseos y desafíos de los clientes.

Para lograr esto, se resaltó la necesidad de desarrollar habilidades de comunicación efectiva. Esto implica la capacidad de transmitir claramente los beneficios y características de los productos o servicios, así como la habilidad de escuchar activamente a los clientes para comprender sus necesidades específicas. Se enfatizó la importancia de evitar una comunicación unidireccional y enfocarse en establecer un diálogo significativo con los clientes, permitiendo una comprensión más profunda de sus necesidades.

Además, se habló de la importancia de la escucha activa y la empatía hacia los clientes. Esto implica ser capaz de leer entre líneas, captar las preocupaciones subyacentes y comprender las emociones de los clientes. Al demostrar empatía, los vendedores pueden establecer una conexión más profunda con los clientes, generando confianza y lealtad.

Se subrayó que ofrecer soluciones personalizadas es clave para establecer relaciones sólidas con los clientes. Cada cliente tiene necesidades únicas y, por lo tanto, es fundamental adaptar las soluciones a sus circunstancias particulares. Esto implica entender a fondo los productos o servicios ofrecidos y ser capaz de presentarlos de una manera que resalte cómo se alinean con las necesidades y objetivos del cliente. La personalización crea un valor adicional y muestra al cliente que el vendedor está comprometido con su éxito y satisfacción.

Se resaltó la importancia de mantener una mentalidad positiva y perseverante en el proceso de ventas. Los vendedores exitosos entienden que enfrentarán desafíos y rechazos en su camino, pero lo ven como parte del proceso y no se desaniman fácilmente. En lugar de rendirse, utilizan cada obstáculo como una oportunidad para aprender, crecer y mejorar. Mantienen una actitud optimista, se adaptan a las circunstancias cambiantes y buscan soluciones creativas para superar los desafíos que se presenten.

Los vendedores exitosos comprenden que la construcción de relaciones duraderas y la generación de confianza son fundamentales para el éxito a largo plazo. Por lo tanto, se alentó a los vendedores a mantener altos estándares éticos en todas sus interacciones con los clientes. Se resaltó la importancia de evitar prácticas engañosas o manipuladoras que puedan dañar la reputación y la confianza en la profesión de ventas. En su lugar, se enfatizó la importancia de ser transparentes, honestos y éticos en todas las transacciones y decisiones comerciales.

Para ser un vendedor exitoso, es fundamental conocer a fondo a tu cliente ideal. Dedica tiempo a comprender sus necesidades, deseos y preocupaciones para adaptar tus productos o servicios de manera efectiva. Además, desarrolla habilidades de comunicación sólidas para expresarte de forma clara, persuasiva y empática. Escucha atentamente a tus clientes y utiliza técnicas de comunicación no verbal para establecer una conexión sólida con ellos.

En lugar de enfocarte únicamente en la venta, trabaja en la construcción de relaciones sólidas a largo plazo. Establece la confianza y la credibilidad con tus clientes a través de un excelente servicio al cliente y un seguimiento constante. Sé proactivo en tu enfoque de ventas, busca clientes potenciales y ofrece soluciones antes de que te las pidan.

Aprende de los rechazos y los obstáculos que puedas encontrar en el camino. Utilízalos como oportunidades de aprendizaje para mejorar tus habilidades de ventas y ajustar tu enfoque. No te desanimes por los rechazos, sino utiliza esos momentos como impulso para seguir adelante y crecer.

Conviértete en un experto en tu industria. Dedica tiempo a mantenerte actualizado sobre las tendencias, productos y servicios relacionados. Esto te dará confianza y te permitirá ofrecer un valor agregado a tus clientes, convirtiéndote en un recurso confiable y conocedor.

Establece metas claras y medibles para mantenerte enfocado y motivado. Divide tus metas en objetivos más pequeños y establece un plan de acción para lograrlos. Además, sé flexible y adaptable, ya que el mundo de las ventas está en constante cambio. Aprende a ajustarte rápidamente a nuevas situaciones y desafíos, y busca soluciones creativas.

Aprovecha la oportunidad de aprender de otros vendedores exitosos. Observa y estudia sus técnicas y enfoques. Participa en programas de capacitación, lee libros sobre ventas y busca mentoría de profesionales con experiencia. Nunca dejes de aprender y busca constantemente oportunidades de crecimiento y desarrollo profesional.

Recuerda que ser un vendedor exitoso requiere dedicación, perseverancia y una actitud positiva. Aplica estos consejos de manera consistente y estarás en el camino correcto para alcanzar tus objetivos de ventas. Mantén la motivación y el entusiasmo, y recuerda que cada interacción con un cliente es una oportunidad para aprender y crecer.

En general, el libro proporciona una visión completa y práctica del mundo de las ventas, ofreciendo a los vendedores las herramientas necesarias para alcanzar el éxito y obtener resultados sobresalientes en sus actividades de ventas.

Lectura Recomendada

Estos libros abarcan una variedad de enfoques y estrategias en el campo de las ventas, desde la psicología de la persuasión hasta técnicas prácticas de cierre de ventas. Cada uno de ellos ofrece una perspectiva única y valiosa para aquellos que desean mejorar sus habilidades y alcanzar el éxito en el mundo de las ventas.

- "El Arte de la Persuasión: Estrategias para Convencer y Vender" - Robert Cialdini.
- "Cómo Ganar Amigos e Influir sobre las Personas" - Dale Carnegie.
- "El Vendedor Más Grande del Mundo" - Og Mandino
- "Los 7 Hábitos de la Gente Altamente Efectiva" - Stephen R. Covey
- "Influencer: The Power to Change Anything" - Kerry Patterson
- "Pitch Anything: An Innovative Method for Presenting, Persuading, and Winning the Deal" - Oren Klaff
- "El Pequeño Libro de las Grandes Ventas" - Jeffrey Gitomer
- "El Vendedor de Sueños" - Augusto Cury
- "Cómo Ganar en la Venta: 21 Lecciones Probadas para Cerrar Negocios" - Brian Tracy
- "La Venta Profesional" - Alejandro Hernández Yáñez
- "The Challenger Sale: Taking Control of the Customer Conversation" - Matthew Dixon y Brent Adamson
- "La Venta Eficaz: Técnicas y Métodos para Vender Cualquier Producto o Servicio" - Jorge Muniain Gómez
- "La Venta 3.0: Cómo Vender en el Entorno Actual" - Jürgen Klaric
- "Fanatical Prospecting: The Ultimate Guide to Opening Sales Conversations and Filling the Pipeline by Leveraging Social Selling, Telephone, Email, Text, and Cold Calling" - Jeb Blount
- "The Psychology of Selling: Increase Your Sales Faster and Easier Than You Ever Thought Possible" - Brian Tracy
- "Los Secretos de la Mente Millonaria" - T. Harv Eker
- "The Sales Acceleration Formula: Using Data, Technology, and Inbound Selling to Go from $0 to $100 Million" - Mark Roberge
- "SPIN Selling" - Neil Rackham
- "El Cierre Perfecto: Técnicas Efectivas para Cerrar Ventas" - James Muir

www.ingramcontent.com/pod-product-compliance
Lightning Source LLC
Chambersburg PA
CBHW060840220526
45466CB00003B/1179